Oishii! DAS ANIME KOCHBUCH

EMF

EIN BUCH DER
EDITION MICHAEL FISCHER

THIBAUD VILLANOVA

Oishii! DAS ANIME KOCHBUCH

FOTOGRAFIEN
Nicolas **LOBBESTAËL**

STYLING
Mehdiya **KERAIRIA**

ILLUSTRATIONEN
Bérengère **DEMONCY**

Willkommen im ersten Kochbuch mit Anime-Feeling! Wenn du mich schon kennst, weißt du, dass du das Ergebnis monatelanger Arbeit in den Händen hältst, womit du die Rezepte der angesagtesten Anime der letzten Jahre nachkochen kannst, und zwar mit Achtung vor dem Werk, seinem Schöpfer und seiner Community.

Wenn du weder mich noch meine Arbeit kennst, solltest du wissen, dass dies mein 17. Kochbuch ist, das ich der Fantasy-Welt widme. Im Jahr 2014 habe ich mit der Sammlung von Rezepten aus der Popkultur begonnen und dabei viele Gegenden durchquert und viele Menschen kennenlernen können – Köche und Köchinnen, Autoren und Autorinnen, Kreative, Produzenten und Produzentinnen, Landwirte und Landwirtinnen. Sie alle haben es mir ermöglicht, einen gewaltigen Topf zu schmieden, in dem zahlreiche Bezüge auf die Popkultur und Otaku-Welt und tolle Rezepte daraus vor sich hin köcheln.

Abgesehen davon widmet sich dieses Buch ausschließlich den großartigen Anime, die 2022 von Weebs empfohlen wurden. Du findest in diesem Buch aber auch einige Hinweise dazu, um die Älteren unter euch abzuholen und um die Meisterwerke Cowboy Bebop oder Fruits Basket nie in Vergessenheit geraten zu lassen. Aber du kannst dich auch einfach so über 30 exklusive Rezepte freuen. Dazu gehören Rindfleisch-Bento aus dem Mugen-Zug und Udon-Nudeln mit Yamswurzel aus Demon Slayer, einen Nabe nach Art von Saitama, ein kompletter Kurs über Ichiraku-Ramen, um deine Geschmackspapillen anzuregen, sowie typisch japanische Rezepte für Assassination Classroom, Aggretsuko, Dorohedoro, Kuroko's Basket, One Piece, Jujutsu Kaisen, Tokyo Revengers etc.

Dieses Buch soll eine kulinarische Hommage an alle verrückten Stellen in unseren Lieblings-Anime sein, an denen sich Rezepte finden, die reiner Foodporn sind und größtenteils aus der japanischen Küche stammen. Daher möchte ich dir neben einer Einführung in diese Küche auch viele Informationen über die Techniken und Aromen aus dem Land der aufgehenden Sonne geben. Mein Ziel ist es, dir das Nachkochen dieser Rezepte so einfach wie möglich zu machen, indem ich dir das Vokabular und die am häufigsten verwendeten Kochtechniken erläutere.

Es war mir ein echtes Vergnügen, diese Rezeptsammlung aus dem Herzen der Anime-Welt für dich zusammenzustellen, und ich hoffe sehr, dass du das spürst!

Itadakimasu !

Thibaud Villanova
Gastronogeek

Les Recettes Enchantées
Le livre des POTIONS
ULTIMATE
J. K. Rowling
GEEK

Inhalt

Street Food

Tellergerichte

DESSERTS & GETRÄNKE

TIPPS

STREET

FOOD

FRUITS BASKET

SCHWIERIGKEITSGRAD: ✦
Für 4 Personen
Zubereitung: 10 Min.
Kochzeit: 25 Min.
Ruhezeit: 10 Min.

KANNIBALISCHE ONIGIRI

MIT LAUCH UND GERSTENMISO-BUTTER GEFÜLLTE REISBÄLLCHEN

ZUTATEN

FÜR DEN REIS
400 g Rundkornreis
(z. B. Japonica oder Arborio)
100 ml Reisessig
40 g Zucker
5 g Salz
1 Nori-Blatt

FÜR DIE FÜLLUNG
1 kleine Stange Lauch
25 g Butter
10 g Gerstenmiso
1 EL Sojasauce

MATERIAL

Fächer

*Tohru glaubt, dass Menschen wie Reisbällchen sind: Jede*r enthält einen fabelhaften Schatz, eine besondere Füllung oder einzigartige Eigenschaften. Nur sieht man sie selbst oft nicht, weil sie zu tief im Inneren verborgen sind. Aber Tohru ist sich sicher: Jeder Mensch hat seine Qualitäten und sie sieht sie ganz genau, keine Sorge.*

✣ Den Reis mehrmals waschen, bis das Wasser nicht mehr so trüb ist. Dann mit 500 ml Wasser in einen Topf geben und zum Kochen bringen. Bei sehr niedriger Temperatur 12 Minuten kochen, vom Herd nehmen und zugedeckt noch 10 Minuten ruhen lassen.

✣ Währenddessen den Essig, den Zucker und das Salz in einen Topf geben und erwärmen, sodass sich der Zucker und das Salz auflösen, aber nicht kochen lassen. Zur Seite stellen.

✣ Den Reis in eine große Schale geben. Die Essigmischung darüber gießen und mit einem Holzspatel unterrühren, ohne dass die Reiskörner brechen. Dabei gegebenenfalls mit einem Fächer fächeln, damit der Reis abkühlt. Der Onigiri-Reis ist nun fertig. Diesen mit einem feuchten Tuch abdecken und zur Seite stellen, während die Füllung zubereitet wird.

✣ Den Lauch waschen und fein hacken. Dann kurz zur Seite legen. Für die Miso-Butter die Butter in einen Topf geben und das Miso hinzufügen. Beides mit einem Teigschaber vermischen. Die Miso-Butter im Topf bei mittlerer Temperatur zerlassen. Dann den Lauch hinzufügen und 2 Minuten dünsten, anschließend die Sojasauce dazugeben. Sorgfältig vermischen, den Topfdeckel auflegen und bei niedriger Temperatur 10 Minuten weiterdünsten. Wenn die Butter und Sojasauce vollständig vom Lauch aufgenommen sind, den Topf vom Herd nehmen.

✣ Die Onigiri formen. Dafür eine Portion Reis auf die Handfläche nehmen und 1 EL Lauchmasse in die Mitte geben. Mit etwas Reis verschließen und diesen leicht andrücken. Du kannst dafür auch eine Katzen-Form verwenden, damit die Onigiri besonders kawaii aussehen. Aus dem Nori-Blatt Streifen ausschneiden und auf die Onigiri legen. Dann servieren!

DOROHEDORO

SCHWIERIGKEITSGRAD: ✦
Für 16 Gyoza
Zubereitung: 30 Min.
Kochzeit: 10 Min.

NIKAIDOS SPEZIALITÄT

GYOZA MIT FLEISCH UND SHISO

ZUTATEN

16 Shiso-Blätter
16 Scheiben Gyoza-Teig
Mehl zum Bestäuben
Pflanzenöl
Chilisauce

FÜR DIE FÜLLUNG
1 Knoblauchzehe
2 cm frischer Ingwer
2 Frühlingszwiebeln
2 große Champignons (alternativ Shiitake)
4 Shiso-Blätter
300 g Schweinehackfleisch (alternativ Rind oder Geflügel)
200 ml Sake zum Kochen
50 ml Sojasauce
Salz

Dies sind die Zutaten für Nikaidos berühmte Gyozas! Sie werden mit Fleisch und Shiso gefüllt und sind nicht umsonst Caimans absolute Lieblingsteigtaschen. Denn sie stillen nicht nur den Hunger, sondern machen auch gute Laune!

✥ Zunächst die Füllung zubereiten. Dafür den Knoblauch und Ingwer schälen und fein hacken. Die Frühlingszwiebeln waschen und ebenfalls fein hacken. Die Champignons putzen und hacken. 4 Shiso-Blätter waschen, trocken tupfen und hacken. Alle Zutaten in eine Schüssel geben, das Hackfleisch hinzufügen, mit Sake, Sojasauce und Salz würzen. Alles 5 Minuten gründlich vermischen. Die Füllung dann kurz in den Kühlschrank legen.

✥ Die restlichen Shiso-Blätter abwaschen und vorsichtig trocken tupfen. Die Stiele und Mittelrippen mit einem scharfen Küchenmesser entfernen.

✥ Nun die Teigscheiben belegen, dafür die Arbeitsfläche leicht mit Mehl bestäuben und eine Teigscheibe darauf legen. Mit einem Speisepinsel oder mit dem Zeigefinger den Rand mit etwas Wasser befeuchten. In die Mitte 1 Shiso-Blatt und mittig darauf 1 gehäuften TL Füllung geben. Die Teigscheibe über der Füllung zusammenklappen und an den Rändern gut festdrücken, damit sie sich beim Braten nicht öffnen. Den Vorgang wiederholen, bis alle Zutaten aufgebraucht sind.

✥ Dann einen Schuss Pflanzenöl in einer Pfanne auf mittlere Temperatur erhitzen. Die rohen Gyoza hineinlegen und von einer Seite 90 Sekunden bis 2 Minuten braten, bis sie leicht angebräunt sind. 2–3 EL Wasser hinzufügen und den Deckel auflegen. Noch weitere 2 Minuten braten, dann den Deckel abnehmen und noch 1 Minute fortfahren. Die Unterseite soll goldbraun und knusprig werden, während der Rest weich bleibt.

✥ Einen Teller auf die Pfanne legen und die Gyozas vorsichtig daraufstürzen. Heiß mit einer Chilisauce servieren.

SAMURAI CHAMPLOO

SCHWIERIGKEITSGRAD: ✦
Für 16 Spieße
Zubereitung: 15 Min.
Kochzeit: 15 Min.

DANGOS FÜR JIN

MITARASHI DANGOS IN SAUCE

Jin ernährt sich hauptsächlich von zartschmelzenden, klebrigen Dangos, die mit einer sirupartigen Sauce überzogen sind! Und nichts motiviert ihn mehr.

ZUTATEN

FÜR DIE DANGOS
250 g fester Tofu
160 g Mochiko-Mehl (Reismehl)
2 EL Pflanzenöl

FÜR DIE SÜSSE SAUCE
200 ml Sojasauce
200 g Rohrzucker
20 g Kartoffelstärke

MATERIAL

16 Spieße

✤ Für den Dango-Teig den Tofu in eine Schüssel geben und von Hand zu einem Püree verarbeiten. Das Mochiko-Mehl untermischen und beides zu einem glatten, glänzenden Teig verkneten.

✤ Etwas davon abnehmen und zwischen den Handflächen zu einer Dango-Kugel formen. So fortfahren, bis der ganze Teig aufgebraucht ist. Anschließend die Kugeln kochen.

✤ Dafür eine große Schüssel mit Eiswasser bereitstellen. In einem großen Topf Wasser zum Kochen bringen und die Dangos 5 Minuten garen, bis sie an die Oberfläche aufsteigen. Mit einem Schaumlöffel herausnehmen und zum Abschrecken sofort in das Eiswasser legen.

✤ Dann abtropfen lassen und auf die Spieße stecken. 2 EL Pflanzenöl in einer Pfanne auf mittlere Temperatur erhitzen. Die Spieße 1 Minute von allen Seiten darin braten und dann herausnehmen.

✤ Für die Sauce alle Zutaten mit 100 ml Wasser in der Pfanne erwärmen und glatt rühren. Unter Rühren dicklich einkochen. Dann in ein hohes Gefäß füllen und die Spieße in die Sauce tauchen. Sofort servieren!

ASSASSINATION CLASSROOM

SCHWIERIGKEITSGRAD: ✦✦
Für 4 Personen
Zubereitung: 15 Min.
Backzeit: 5 Min.

TAKOYAKI DES SENSEI

GEGRILLTE TINTENFISCH-BÄLLCHEN

ZUTATEN

2 vorgegarte Oktopus-Tentakeln
10 Stängel Schnittlauch
100 ml Takoyaki-Sauce
100 ml japanische Mayonnaise (siehe Seite 114)
4 EL Nori-Pulver
Katsuobushi
40 g eingelegter Ingwer

FÜR DEN TAKOYAKI-TEIG

200 g Mehl (Type 405)
2 Eier (Größe M)
450 ml Dashi aus getrockneten Bonitoflocken (alternativ Gemüsebrühe, siehe Seite 110 und 113)
1 EL Sojasauce
Pflanzenöl

MATERIAL

Takoyaki-Grill
Takoyaki-Spieße oder Holzspieße

Ein toter Oktopus auf dem Schreibtisch, mit einem Kampfmesser erlegt, reicht nicht, um Koro-Sensei einzuschüchtern. Nichts könnte ihn mehr motivieren, heiße Takoyaki zuzubereiten, gegrillt auf der Flamme einer Abwehrrakete!

✥ Die Tentakeln in kleine, gleich große Stücke schneiden und zur Seite stellen. Den Schnittlauch waschen, trocken schütteln und fein hacken. Zur Seite stellen.

✥ Das Mehl in eine Schüssel geben und die Eier hinzufügen. Kräftig verrühren, dann die Brühe und Sojasauce unterrühren.

✥ Den Takoyaki-Grill aufheizen, die Mulden sorgfältig mit dem Pflanzenöl einfetten und den Teig hineinfüllen. Anschließend ein Stück Oktopus und etwas Schnittlauch dazugeben. Wenn der Teig an den Rändern fest wird und sich lösen lässt, diesen mithilfe eines Takoyaki- oder Holzspießes jeweils in der Mulde drehen. Das ist das Schwierigste an der ganzen Zubereitung und man muss es ein paar Mal üben. Den Teig weiter backen und den Vorgang wiederholen, bis die Kugeln schön rund und gar sind. Sie sollten außen knusprig, aber innen sehr weich sein.

✥ Wenn sie fertig sind, aus der Form nehmen und auf einen Bambusteller legen.

✥ Am besten schmecken sie, wenn man sie sofort verzehrt. Die Takoyaki in Takoyaki-Sauce und japanische Mayonnaise legen. Mit grünem Nori-Pulver und etwas Katsuobushi bestreuen, dazu eingelegten Ingwer reichen. Gleich servieren.

KILL LA KILL

SCHWIERIGKEITSGRAD: ✦ ✦

Für 4 Personen

Zubereitung: 30 Min.

Kochzeit: 35 Min.

MANKANSHOKUS KOROKKE

DREIERLEI KARTOFFELKROKETTEN

ZUTATEN

FÜR DIE KOROKKE

6 dicke mehligkochende Kartoffeln

20 g grobes Salz

1,5 l Bratöl

FÜR DIE KOROKKE-FÜLLUNG

1 Frühlingszwiebel

½ Bund glatte Petersilie

3 Champignons

½ Dose Sardinen (in Öl)

1 Knoblauchzehe

1 EL Pflanzenöl

4 Shrimps

Sojasauce

50 g vorgegarte Edamame

FÜR DIE PANADE

2 Eier (Größe M)

Salz

80 g Kartoffelstärke (alternativ Mehl)

140 g Panko

Korokke, oder Kroketten, sind für Mama Mankanshoku eine Gelegenheit, Reste aus dem Kühlschrank aufzubrauchen und sie zu einer köstlichen und exzentrischen Mahlzeit für alle zu verarbeiten.

✥ Die Kartoffeln unter fließendem Wasser waschen und putzen, dann in einen Kochtopf geben. Mit 2 l kaltem Wasser bedecken, das Salz hinzufügen und zum Kochen bringen. 20 Minuten kochen, bis sie in der Mitte weich sind.

✥ Währenddessen für die Füllung die Frühlingszwiebel und die Petersilie waschen, trocken schütteln und fein hacken. Die Champignons putzen und hacken. Gegebenenfalls die Gräten der Sardinen entfernen und diese in einer Schale zerkleinern.

✥ Den Knoblauch schälen, den Keim aus der Zehe entfernen und diese hacken. Das Pflanzenöl in einer Pfanne auf mittlere Temperatur erhitzen. Den Knoblauch und die Hälfte der gehackten Petersilie hineingeben und 1½ Minuten dünsten, bis der Knoblauch duftet. Die Shrimps hinzufügen und mit der Sojasauce ablöschen. Die Shrimps 1 Minute von allen Seiten garen, bis sie rundum rötlich sind. Vom Herd nehmen, den Darm entfernen und das Fleisch grob hacken. Mit dem Bratensaft in eine Schale geben und zur Seite stellen.

✥ Die Kartoffeln abgießen und mit einem Schälmesser pellen. Eventuell zuvor unter fließendem kaltem Wasser abkühlen. Dann mit einer Kartoffelpresse oder einer Gabel grob zu Püree zerkleinern. Die Frühlingszwiebeln und die restliche Petersilie untermischen. Die Kartoffelmasse auf drei Schalen aufteilen, um drei unterschiedliche Kroketten-Arten zuzubereiten.

✥ Die Masse in der ersten Schale mit den zerkleinerten Sardinen mischen, die in der zweiten mit den Knoblauch-Soja-Shrimps und in der dritten mit den Champignons und Edamame.

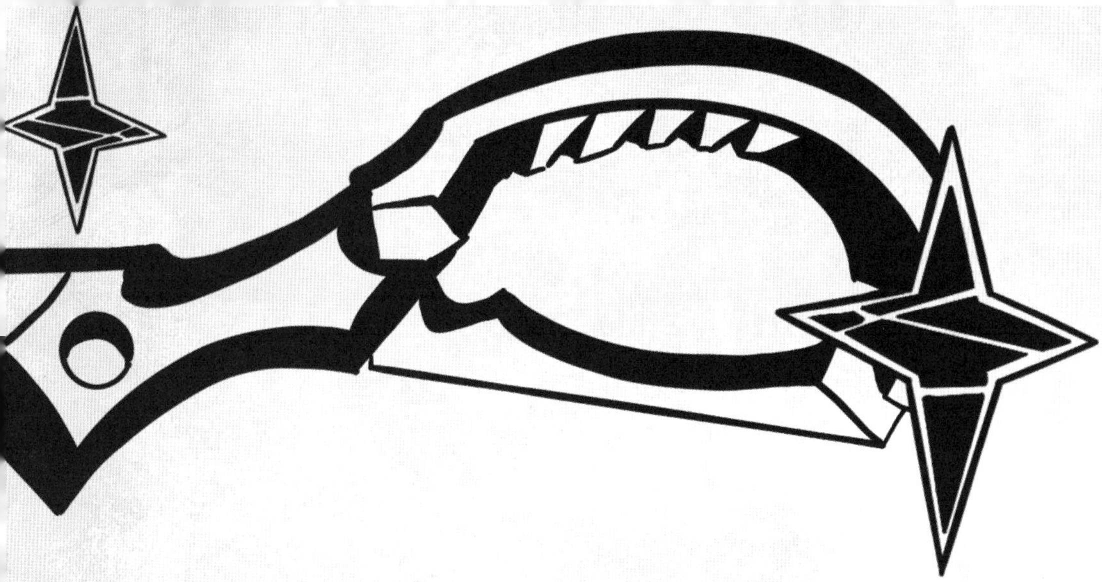

✤ Für die Panade drei Schalen bereitstellen. In der ersten die Eier mit etwas Salz verquirlen, in die zweite das Mehl und in die dritte das Panko geben.

✤ Das Öl in einen hohen, schweren Topf gießen und auf 170 °C erhitzen. Die Temperatur mit einer Kochsonde oder einem Thermometer überprüfen. Küchenpapier auf die Arbeitsfläche legen.

✤ Die Hände mit Mehl bestäuben und 2 EL von der Korokke-Masse abnehmen. Diese zwischen den Handflächen zu einer schönen Krokette formen, dann im Mehl, anschließend im verquirlten Ei, danach in den Semmelbröseln, dann nochmals im Ei und zuletzt wieder in den Semmelbröseln wälzen, damit sie eine schöne Kruste bekommt und beim Frittieren nicht aufplatzt. Die Kroketten auf einen Teller legen.

✤ Wenn das Öl heiß ist, die Kroketten für 2 Minuten hineingeben und frittieren, bis sie goldgelb sind. Mit einer Schaumkelle oder Frittiersieb herausnehmen und sofort auf Küchenpapier legen. Mit weiterem Küchenpapier möglichst viel Fett von der Oberfläche abtupfen.

✤ Diese köstlichen Korokke mit frischen, knackigen Salatblättern servieren. Dazu passt auch Chilisauce!

HATA

GTO

SCHWIERIGKEITSGRAD: ✦
Für 4 Personen (16 Ravioli)
Zubereitung: 20 Min.
Kochzeit: 10 Min.

VERFLUCHTE RAVIOLI MIT MENSCHENFLEISCH

SIU-RAVIOLI, NEU INTERPRETIERT

ZUTATEN

1 Zwiebel
2 Knoblauchzehen
1 cm frischer Ingwer
½ Bund Schnittlauch
60 g Bambussprossen (Glas)
200 g rosa Shrimps (küchenfertig)
100 g Schweinehackfleisch (alternativ Rind oder Geflügel)
Salz
5 g Pfeffer
1 EL Sojasauce
1 TL dunkles Sesamöl
1 EL Shaoxing-Essig
20 g Kartoffelstärke
16 Erbsen
Olivenöl
16 Teigblätter für Ravioli
Aceto Balsamico zum Servieren

MATERIAL

Dampfkörbchen

Kennst du die Geschichte der verfluchten Ravioli? Ravioli mit Menschenfleisch, die plötzlich verschwinden, sobald man die Packung, in der sie aufbewahrt werden, öffnet? Nein? Dann gebe ich dir das Rezept, für die Geschichte ist Onizuka zuständig!

✤ Für die Füllung die Zwiebel und Knoblauchzehen fein hacken. Den Ingwer schälen und fein hacken. Den Schnittlauch waschen, trocken schütteln und fein hacken. Die Bambussprossen abwaschen, abtropfen lassen und grob hacken. Die Shrimps hacken. Alle Zutaten in eine Schüssel geben, Das Hackfleisch, 5 g Salz, den Pfeffer, die Sojasauce, das dunkle Sesamöl, den Shaoxing-Essig und die Kartoffelstärke hinzufügen. Alles sorgfältig ein paar Minuten zu einer glatten, würzigen Masse vermischen. Zur Seite stellen.

✤ In einem großen Topf Salzwasser zum Kochen bringen und die Erbsen 3 Minuten darin garen. Dann sofort in eine große Schale mit Eiswasser geben und anschließend abtropfen lassen. Zur Seite stellen.

✤ In einem großen Topf Wasser zum Kochen bringen und ein Dampfkörbchen daraufsetzen. Mit etwas Olivenöl einfetten, damit die Ravioli nicht aneinanderkleben.

✤ Ein Teigblatt auf die Arbeitsfläche legen und etwas befeuchten. 1 TL Füllung in die Mitte geben und das Teigblatt darüber einschlagen, dabei fest andrücken. Den Vorgang wiederholen, bis alle Zutaten aufgebraucht sind. Die Ravioli in das Dampfkörbchen legen, einen Deckel auflegen und 10 Minuten garen.

✤ Heiß mit etwas Essig und jeweils 1 Erbse garniert servieren.

BEASTARS

SCHWIERIGKEITSGRAD: ✦
Für 4 Personen
Zubereitung: 15 Min.
Kochzeit: 7 Min.

MITTWOCHS-SANDO MIT EI

EIER-SANDWICH

ZUTATEN

8 Eier (Größe M)
2 EL japanische Mayonnaise (siehe Seite 114)
Salz, Pfeffer
1 Prise Zucker
8 Scheiben Toastbrot

Ich bin mir nicht sicher, ob Legoshi je wusste, wie ernst Legom ihre Arbeit als Legehenne nahm. Eier von höchster Qualität zu legen, war für sie mehr als nur ein kleiner Job. Nicht um Fleischfresser mit ihrer Dosis Protein zu versorgen, sondern einfach, um glücklich zu sein. Das ist der Grund, warum diese Sandwiches mit Ei so gut schmecken – sie werden mit Eiern voller Liebe gemacht!

✤ Zunächst die Eier zubereiten. Dafür Wasser in einem Topf zum Kochen bringen und die Eier 7 Minuten darin wachsweich kochen. Dann sofort in eiskaltes Wasser tauchen.

✤ Die Eier im Wasser pellen und in eine Schüssel geben.

✤ Mit einer Gabel oder einem Kartoffelstampfer zerkleinern, dabei das Eigelb und Eiweiß sorgfältig vermischen. Die selbst gemachte japanische Mayonnaise, je 1 kräftige Prise Salz, Pfeffer und Zucker hinzufügen und alles gut vermischen.

✤ Damit die Sandwiches wie im Anime aussehen, die Kruste von den Brotscheiben abschneiden und 4 Scheiben gleichmäßig mit der Eimasse belegen. Die restlichen 4 Scheiben darauf legen und die Sandwiches vorsichtig zusammendrücken. Zum Servieren halbieren und aufeinanderlegen. *Itadakimasu* !

SILVER SPOON

SCHWIERIGKEITSGRAD: ✦ ✦
Für 4 Personen
Zubereitung: 15 Min.
Ruhezeit: 1–12 Std.
Backzeit: 15 Min. + 1½ Min. im Pizzaofen oder 15 Min. im Backofen

WAHNSINNS PIZZA

PIZZA MIT TOMATE, KÄSE, GERÄUCHERTEM SPECK UND GRÜNEM SPARGEL

ZUTATEN

FÜR DEN PIZZATEIG

3 g frische Hefe (alternativ 1 Pck. Trockenhefe)
150 g Weizenmehl (Type 550)
4 g Olivenöl
4 g Salz
Grieß oder Mehl (für die Arbeitsfläche)

FÜR DEN BELAG

8 Kirsch- oder Datteltomaten
1 Schalotte
1 Knoblauchzehe
1 großer Champignon
2 Stangen grüner Spargel
2 Scheiben geräucherter Speck
Salz, Pfeffer
Olivenöl
Zucker
80 g Käse (z. B. Mozzarella, Raclette oder Abondance)

MATERIAL

Küchenmaschine oder Handrührgerät
Stabmixer

Dieses Gericht lässt sich gut in einem alten, schon ausrangierten Ofen backen: eine knusprige Pizza mit einer guten Tomatensauce und vor allem mit schön geschmolzenem Käse. Keine Frage, diesen Ofen sollte man nicht weggeben!

✣ Eine Stunde vor dem Backen oder am Vorabend den Pizzateig vorbereiten. Wenn Trockenhefe verwendet wird, diese in einen kleinen Becher geben, das Päckchen mit lauwarmem Wasser füllen und dieses über die Hefe gießen. Die Hefe darin auflösen und 5 Minuten gehen lassen.

✣ Dann alle Zutaten für den Teig, einschließlich der aufgelösten Hefe, sowie 85 ml zimmerwarmes Wasser in die Schale der Küchenmaschine oder in eine Rührschüssel geben. Auf niedriger Stufe 2 Minuten kneten, dann auf etwas höherer Stufe nochmals 4–5 Minuten.

✣ Wenn du mit den Händen arbeitest, den Teig zuerst in der Rührschüssel kneten, dann die Arbeitsfläche mit Mehl bestäuben und den Teig darauflegen. Von Hand 10–15 Minuten kräftig kneten, bis er schön glatt ist. Anschließend wieder in die Schüssel legen, mit einem Tuch abdecken und an einem warmen Ort (zum Beispiel an einer Heizung) gehen lassen. Wenn der Teig am Vorabend zubereitet wird, die Schüssel mit Frischhaltefolie abdecken und in den Kühlschrank stellen. So geht er langsamer auf.

✣ Einen Pizzastein in den normalen Backofen legen und auf 220 °C (Umluft) vorheizen; den Pizza-Ofen auf 400 °C vorheizen.

✣ Für die Tomatensauce die Tomaten waschen und vierteln. Die Schalotte schälen und hacken. Den Knoblauch schälen, vom Keim befreien und hacken. Den Champignon mit leicht angefeuchtetem Küchenpapier reinigen und hacken. Den Spargel putzen und die holzigen Enden abschneiden. Die Speckscheiben vierteln.

✣ Eine große Schüssel mit Eiswasser bereitstellen. Salzwasser in einem großen Topf zum Kochen bringen und den Spargel 2 Minuten darin garen. Dann sofort in Eiswasser tauchen und abtropfen lassen. Die Stangen schräg vierteln.

✣ Etwas Olivenöl in eine Pfanne geben und bei mittlerer Temperatur erhitzen. Die Schalotte, den Knoblauch und den Speck hineingeben und ein paar Minuten anbraten, dann die Tomatenstücke hinzufügen. Mit Salz und Pfeffer würzen und 1 Prise Zucker dazugeben. Die Tomaten 10–12 Minuten weich garen, den Speck herausnehmen und die anderen Zutaten mit dem Stabmixer pürieren.

✣ Den Pizzateig auf der leicht bemehlten Arbeitsfläche ausrollen. Die Sauce darauf verstreichen und die Champignonstücke, den Speck und den Spargel darauf verteilen. Zum Schluss den Käse in Scheiben schneiden, die Pizza damit belegen und 1½ Minuten im heißen Pizza-Ofen oder 15 Minuten im herkömmlichen heißen Backofen backen.

BLACK BUTLER

SCHWIERIGKEITSGRAD: ✦✦
Für 4 Personen
Zubereitung: 30 Min.
Ruhezeit: 1 Std.
Backzeit: 2 Std. 10 Min.

DÄMONISCHES CURRY VON SEBASTIAN

FRITTIERTE BRÖTCHEN MIT JAPANISCHER CURRY-FÜLLUNG

ZUTATEN

FÜR DAS JAPANISCHE CURRY
2 Zwiebeln
2 Knoblauchzehen
1 cm frischer Ingwer
2 Möhren
1 Stange Staudensellerie
400 g Rinderbäckchen
Salz, Pfeffer
Olivenöl
Sesamöl
1 EL Mehl (Type 405)
2 TL Garam Masala
1,5 l Geflügel- oder Gemüsebrühe (siehe Seite 112 und 113)
3 EL Curry-Mehlschwitze (siehe Seite 60)
20 g Zartbitterschokolade

FÜR DEN BRÖTCHENTEIG
2 Pck. Trockenhefe
360 g Mehl (Type 405), plus etwas mehr zum Arbeiten
Salz
150 ml lauwarme Milch
2 EL Pflanzenöl

FÜR DIE PANADE
100 g Mehl (Type 405)
100 g Panko
2 Eier (Größe M)
Salz
1 l Frittieröl

Mit diesem Rezept kannst du ein ganz und gar höllisch gutes Curry kochen und damit jeden Kochwettbewerb gewinnen.

✥ Mit dem japanischen Curry beginnen. Dafür die Zwiebeln, den Knoblauch und den Ingwer schälen und klein hacken. Die Möhren schälen und in 5 mm große Würfel schneiden, ebenso den Sellerie.

✥ Das Fleisch in kleine Würfel schneiden und leicht salzen und pfeffern.

✥ Einen kräftigen Schuss Oliven- und Sesamöl in einem gusseisernen Topf bei mittlerer Temperatur erhitzen. Dann die Zwiebeln, Möhren und den Sellerie hineingeben und 4 Minuten dünsten. Anschließend den Knoblauch und Ingwer hinzufügen.

✥ Alles weiter dünsten, ohne dass es dunkel wird, dann die Fleischstücke dazugeben. Diese von allen Seiten braun anbraten, danach mit Mehl und Garam Masala bestäuben und mit Brühe ablöschen. Alle Zutaten sorgfältig vermischen. Die Temperatur herunterschalten und alles zugedeckt 2 Stunden leise köcheln lassen.

✥ Dann die Brühe durch ein feines Sieb in einen großen Topf gießen.

✥ Die Curry-Mehlschwitze darin auflösen und die Fleischbrühe zu einer dicklichen, würzigen Sauce einkochen. Die Schokolade grob hacken und unterrühren. Das Fleisch und das Gemüse in die Sauce geben und alles gut vermischen. Das Curry zugedeckt bei sehr niedriger Temperatur warm halten.

✥ Während das Fleisch gart, den Brötchenteig zubereiten. Zunächst die Hefe in 50 ml lauwarmem Wasser (zwischen 35 und 40 °C) auflösen. 3 Minuten gehen lassen. Das Mehl und 2 Prisen Salz in die Schüssel der Küchenmaschine geben. Gut vermischen, die lauwarme Milch, die Hefe und das Pflanzenöl hinzufügen Mit dem Knethaken auf mittlerer Stufe 2 Minuten kneten.

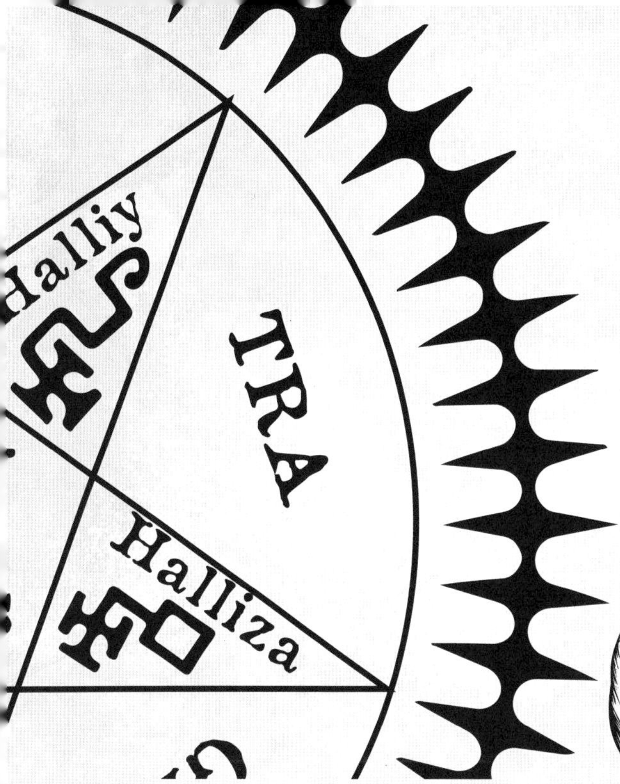

✣ Die Arbeitsfläche mit Mehl bestäuben und den Teig mit einem Teigschaber daraufgeben. Kurz kneten, bis er ELastisch ist und sich zu einer Kugel formen lässt. Diese in eine Schüssel legen und mit einem feuchten Tuch abdecken. 1 Stunde gehen lassen.

✣ Dann die Hände und die Arbeitsfläche leicht mit Mehl bestäuben, den Teig kurz durchkneten und zu einem langen Strang formen. Diesen mit einem Teigschneider in 30–40 g schwere Stücke teilen und diese zu Scheiben formen.

✣ Eine Teigscheibe auf die Handfläche legen, mit 1 EL Curry belegen. Dabei darauf achten, gleichmäßig viel Fleisch, Gemüse und Sauce zu nehmen. Die Teigscheibe zusammenklappen und an den Rändern festdrücken. Auf ein Blech legen, abdecken und mit den restlichen Zutaten ebenso verfahren.

✣ Dann für die Panade das Mehl und Panko auf separate Teller geben. Die Eier in einer Schale verquirlen und mit 1 Prise Salz würzen. Jedes Brötchen im Mehl wälzen, dann in das verquirlte Ei tauchen und anschließend im Panko wälzen.

✣ Das Frittieröl in einem Topf bei mittlerer bis hoher Temperatur erhitzen, bis es 160 °C heiß ist. Dann die Brötchen für 5 Minuten hineingeben. Sie sind fertig, wenn die Panade schön goldgelb ist und die Brötchen an die Oberfläche aufsteigen. Mit einem Schaumlöffel herausnehmen und sofort auf Küchenpapier legen. Nun die dämonischen Curry-Brötchen servieren! Guten Appetit!

MATERIAL

Küchenmaschine
Feines Sieb

FOOD WARS!

KARAAGE-WRAPS AUS DER SUMIRE-STRASSE

WRAPS MIT MARINIERTEM HÄHNCHEN

SCHWIERIGKEITSGRAD: ✦
Für 4 Personen
Zubereitung: 30 Min.
Ruhezeit: 1–12 Std. im Kühlschrank
Backzeit: 20 Min.

ZUTATEN

FÜR DAS FLEISCH
200 ml Sojasauce
100 ml Mirin (alternativ Reisessig)
50 ml Sake
1 TL Sesamöl
1 EL flüssiger Honig
1 Knoblauchzehe
1 TL geschrotete Pfefferkörner
1 TL Chilipaste
4 Hähnchen-Oberkeulen (küchenfertig)
Salz
100 g Kartoffelstärke
2 l Bratöl

FÜR DIE WRAPS
200 g Reismehl
2 Eier (Größe M)
200 ml Milch
2 EL Sonnenblumenöl, plus etwas mehr zum Einfetten
Salz

AUSSERDEM
2 Blätter Romana-Salat
4 Shiso-Blätter (alternativ ½ Bund Minze)

Als die Restaurantkette Mozuya das Leben und die Geschäftigkeit in der Sumire-Straße trübt, muss sich Sōma dringend etwas einfallen lassen. Mit diesem knusprigen und perfekt zubereiteten Karaage will er die Konkurrenz ausstechen und die Geschäfte seiner Nachbarschaft wiederbeleben. Dabei machen sie sich auch hervorragend als Wraps!

✥ Zunächst die Marinade für das Hähnchen zubereiten. Dafür die Sojasauce, den Mirin, den Sake, das Sesamöl und den Honig in eine Schüssel geben und alles gut vermischen. Den Knoblauch schälen, hacken und mit dem Pfeffer und der Chilipaste unter die Marinade rühren. Das Hähnchenfleisch in 2–3 cm große Würfel schneiden. Leicht salzen und in die Marinade legen. Sie sollten ganz damit bedeckt sein. Die Schüssel dann für mindestens 1 Stunde in den Kühlschrank stellen.

✥ Währenddessen die Wraps zubereiten. Das Mehl in eine Schüssel geben und eine Vertiefung in die Mitte drücken. Die Eier hineingeben und beides zu einer dicklichen Masse verrühren. Dann unter Rühren die Milch hinzufügen. Anschließend das Öl und 1 kräftige Prise Salz dazugeben.

✥ Ein Crêpe-Eisen bei mittlerer Temperatur erhitzen und mit einem Tropfen Öl einfetten. Wenn es heiß ist, eine kleine Kelle Wrap-Teig daraufgeben und backen, bis sich die Ränder vom Eisen lösen. Wenden und weitere 30 Minuten backen. Alternativ eine flache Pfanne verwenden. Den Wrap auf einen Teller legen, abdecken und fortfahren, bis der Teig aufgebraucht ist.

✥ Nun die Karaage zubereiten. Dafür die Kartoffelstärke in einen Teller geben. Das Hähnchenfleisch aus der Marinade nehmen und in der Stärke wälzen. Dann kurz zur Seite legen.

✥ Die Marinade in einen kleinen Topf füllen und zum Kochen bringen. 5 Minuten einkochen und dann in eine Schale geben. Dies ist später die Sauce für die Karaage.

✥ Das Bratöl in einen hohen Topf gießen und auf 160 °C erhitzen. Einen Teller mit Küchenpapier auslegen. Wenn das Öl heiß ist, die Hähnchenstücke darin 5 Minuten frittieren und dann auf dem Küchenpapier abtropfen lassen. Nun können die Wraps zusammengestellt werden.

✥ Einen Wrap nach Belieben mit der eingekochten Marinade bestreichen, die Salat- und Shiso-Blätter waschen, trocken schütteln und darauflegen. Dann ein paar Karaage-Stücke darauf verteilen. Einrollen und servieren.

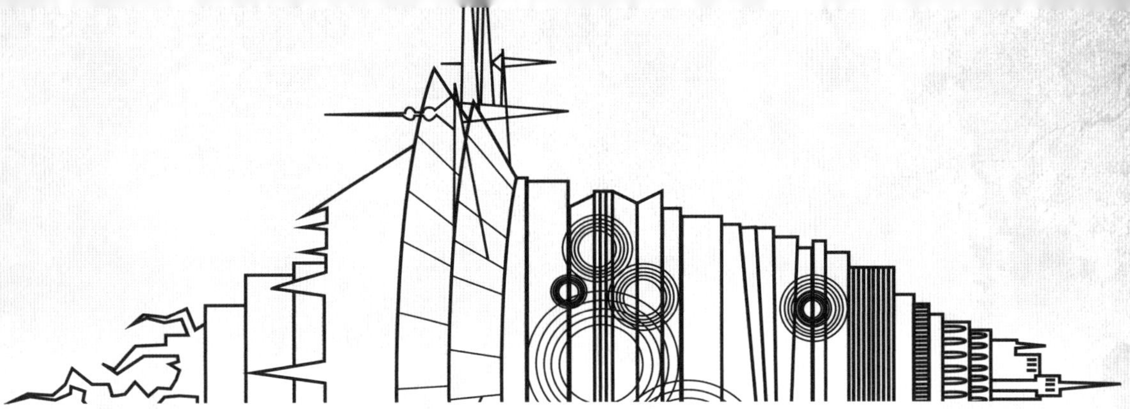

SWORD ART ONLINE

SCHWIERIGKEITSGRAD: ✦ ✦
Für 2 Baguettes
Zubereitung: 20 Min.
Ruhezeit: 1 Std. 30 Min.
Kochzeit: 15 Min.

KÖSTLICHES SANDWICH VON ASUNA

BELEGTES BAGUETTE MIT MARINIERTEM FLEISCH, SPINAT UND SCHARFER MAYONNAISE

ZUTATEN

3 EL Sojasauce
2 EL Reisessig
1 TL Austernsauce
1 Knoblauchzehe
gemahlener Pfeffer
300 g Rib-Eye-Steak
2 Eier (Größe M)
1 Eigelb
1 TL Senf
Salz
½ TL Sriracha-Sauce
300 ml Sonnenblumenöl, plus etwas mehr zum Braten
10 frische Spinatblätter
1 Baguette
verzehrbare Blüten

Bei dieser Art Rezept und diesem Sandwich versteht man leicht, warum Asuna für den Fortschritt der Bruderschaft der Ritter verantwortlich ist!

✥ Zunächst die Marinade zubereiten. Dafür die Sojasauce, den Reisessig und die Austernsauce in einen Gefrierbeutel füllen. Den Knoblauch schälen, fein hacken und zusammen mit 1 Prise Pfeffer ebenfalls dazugeben. Dann das Fleisch hineinlegen, den Beutel fest verschließen und durchkneten.

✥ Das Fleisch 1½ Stunden im Kühlschrank marinieren lassen (du kannst es auch sofort braten, aber mariniert schmeckt es besser). Inzwischen die Eier und Mayonnaise zubereiten.

✥ In einem Topf Wasser zum Kochen bringen, die Eier hineingeben und 10 Minuten hart kochen. Dann unter kaltem Wasser abschrecken und pellen.

✥ Für die Zubereitung der Mayonnaise ist zu beachten, dass alle Zutaten zimmerwarm sein müssen, damit sie gut gelingt. Das Eigelb in eine Schüssel geben, den Senf, 1 Prise Salz und die Sriracha-Sauce hinzufügen und alles mit einem Schneebesen verquirlen. Dann das Sonnenblumenöl in einem dünnen, gleichmäßigen Strahl dazugießen. Dabei beständig weiterrühren, bis eine Mayonnaise entsteht. Diese dann kühl stellen.

✥ 1 EL Sonnenblumenöl in einer Pfanne auf mittlere bis hohe Temperatur erhitzen. Das Fleisch hineinlegen und 1 Minute scharf anbraten. Die Temperatur herunterschalten und noch 4 Minuten weiter braten. Das Fleisch dann herausnehmen, auf Küchenpapier legen und 5 Minuten ruhen lassen.

✥ Die Spinatblätter waschen, abtropfen lassen und sorgfältig trocken tupfen. Dann die Sandwiches zusammensetzen. Dafür das Baguette längs halbieren und mit der Mayonnaise bestreichen. Eine Hälfte mit Spinatblättern belegen. Die Eier in Scheiben schneiden und auf dem Spinat verteilen. Das Fleisch in zwei gleich große Stücke schneiden und auf die Eierstreifen legen. Zum Schluss ein paar verzehrbare Blüten darauflegen und mit der zweiten Brothälfte bedecken.

Achtung, dieses Sandwich hält sich nicht lange, am besten gleich verzehren. Du wirst feststellen, dass es so gut ist, dass du bei einer Versteigerung damit ziemlich viel Geld verdienen könntest ...

YURU CAMP

SCHWIERIGKEITSGRAD: ✦
Für 3 Personen
Zubereitung: 15 Min.
Kochzeit: 12 Min.

SEELENTRÖSTER-EIER

MIT MISO, CHILI UND DASHI FRITTIERTE EIER

ZUTATEN

FÜR DIE EIER

20 ml heller Essig
3 Eier (Größe L)

FÜR DIE PANADE

1 l Pflanzenöl (z. B. Sonnenblumen- oder Traubenkernöl)
100 g Mehl (Type 405)
100 g Panko
3 Eier (Größe M)
1 gestr. TL Miso (weiß, rot oder klassisch)
1 TL Yuzukosho (Gewürz aus Yuzu, Salz und Chilipfeffer, alternativ Chilipaste)
½ Pck. Dashi-Pulver (ca. 40 g)

*Es gibt nichts Besseres als ein frittiertes Ei mit weichem Eigelb, um sich nach einem heißen Bad mit Freund*innen den Bauch vollzuschlagen – aber nicht zu sehr.*

✣ Zunächst die Eier pochieren. Dafür 2 l Wasser und den Essig in einen großen Topf geben und zum Kochen bringen. Eine große Schüssel mit Eiswasser bereitstellen. Das erste Ei in eine Schale schlagen. Mit einem Löffel das kochende Wasser verrühren und das Ei zügig in die Mitte des dabei entstehenden Wirbels gleiten lassen. Das Eiweiß stockt schnell über dem Eigelb und das Ei sinkt auf den Topfboden. Nach 3 Minuten mit einem Schaumlöffel herausnehmen und vorsichtig in das Eiswasser legen. Ebenso mit den beiden anderen Eiern verfahren und die Eier im Eiswasser liegen lassen.

✣ Für die Panade das Öl in einen Topf geben und einen Teller mit Küchenpapier auslegen. Das Öl auf 170 °C erhitzen. Das Mehl auf einen anderen Teller oder in eine große Schale geben, ebenso das Panko. Die Eier in drei separate Schalen geben und kräftig verquirlen. Unter das erste Ei die Misopaste rühren. Unter das zweite die Yuzukosho- oder Chilipaste und unter das letzte das Dashi-Pulver.

✣ Die pochierten Eier aus dem Eiswasser nehmen und vorsichtig mit Küchenpapier trocken tupfen. Dann das erste Ei nacheinander im Mehl, in der Miso-Mischung und im Panko wälzen. Dasselbe mit dem zweiten Ei wiederholen, aber die Chilimischung verwenden; für das dritte Ei die Dashi-Mischung.

✣ Dann die Eier für 30 Sekunden in das heiße Öl legen, sodass die Panade goldbraun wird, das Ei selbst aber nicht weiter gart. Anschließend auf Küchenpapier legen und vorsichtig abtupfen. Nun servieren!

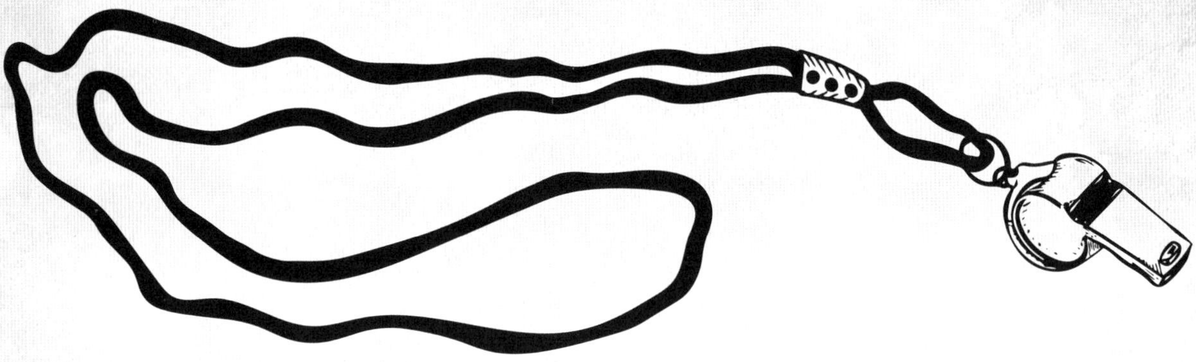

KUROKO'S BASKET

SCHWIERIGKEITSGRAD: ✦
Für 4 Personen
Zubereitung: 15 Min.
Kochzeit: 7 Min.

OKONO NACH ART VON KAGAMI

OKONOMIYAKI MIT GEMÜSE UND SCHARFEM MISO

ZUTATEN

200 g Mehl (Type 405)
2 Eier (Größe M)
1 gestr. TL Salz
100 ml Dashi-Brühe aus getrockneten Bonitoflocken (siehe Seite 110)
2 EL Sojasauce
1 TL Sesamöl
1 TL Chili-Miso
6 Chinakohlblätter
2 Frühlingszwiebeln
8 Radieschen
6 Champignons (alternativ Shiitake)
2 junge Möhren
Olivenöl
Okonomi-Sauce (siehe Seite 114)
japanische Mayonnaise (siehe Seite 114)
Grünes Nori-Pulver
Katsuobushi (getrocknete Bonitoflocken)

Angesichts der Mengen, die Kagami in sich hineinstopft, weiß er nur zu gut um die Kräfte dieser Okonomiyaki. Außen knusprig und innen weich mit einer leckeren Sauce, eignen sich die Fladen hervorragend als Erholung vom harten Training!

✣ Für die Okonomiyaki-Masse das Mehl in eine Schüssel geben, die Eier und 1 gestrichenen TL Salz hinzufügen und sorgfältig vermischen. Anschließend die Dashi-Brühe, die Sojasauce und das Sesamöl unterrühren. Das Miso mit 20 ml heißem Wasser verlängern und zu den restlichen Zutaten geben. Zur Seite stellen.

✣ Die Kohlblätter und die Frühlingszwiebeln waschen und hacken. Die Radieschen waschen und fein hacken. Die Champignons putzen und hacken und die Möhren schälen und in feine Streifen schneiden.

✣ Das Gemüse in den Teig geben.

✣ Etwas Olivenöl in eine Pfanne geben, bei mittlerer Temperatur erhitzen und die Masse hineingeben. Bei mittlerer Temperatur offen 5 Minuten backen, dann wenden und weitere 2 Minuten backen. Auf einen Teller legen und anrichten.

✣ Ein Okonomiyaki wäre nichts ohne Sauce und Topping. Zuerst etwas Okonomi-Sauce, dann japanische Mayonnaise darauf verstreichen. Mit Nori-Pulver und abschließend mit ein paar Prisen Katsuobushi bestreuen.

AGGRETSUKO

SCHWIERIGKEITSGRAD: ✦
Für 4 Personen
Zubereitung: 15 Min.
Kochzeit: 15 Min.

ANAIS YAKISOBA-RAPAGGRETSUKO

GEBRATENE NUDELN MIT OKTOPUS-WÜRSTCHEN

ZUTATEN

1 Knoblauchzehe
2 dicke Frühlingszwiebeln
1 Möhre
1 rote Paprika
2 Chinakohlblätter
4 Bockwürstchen
1 Schweinekotelett (alternativ Rindersteak, Hähnchenbrustfilet oder 100 g Tofu)
Salz
4 Portionen Yakisoba-Nudeln (ca. 400 g)
2 EL Pflanzenöl

FÜR DIE YAKISOBA-SAUCE
4 EL Sojasauce
3 EL Austernsauce
2 EL Ketchup
1 TL Mirin
1 TL Rohrzucker

Es gibt ein Yakisoba-Rezept, das nur Anai beherrscht. Ein Rezept, bei dem man sich in einem Ausnahmezustand befinden muss, damit es perfekt gelingt. Ein Rezept, das rockt und allen die Tränen in die Augen treibt … vor Freude!

✥ Zunächst für die Yakisoba-Sauce alle Zutaten vermischen. Zur Seite stellen.

✥ Den Knoblauch schälen, vom Keim befreien und hacken. Die Zwiebeln schälen und in Ringe schneiden, das Grün hacken. Die Möhre schälen und in feine Streifen schneiden. Die Paprika halbieren, putzen, waschen und in Streifen schneiden. Die Chinakohlblätter waschen und grob zerkleinern.

✥ Die Würstchen jeweils in 3 Stücke schneiden und jedes Stück an einem Ende kreuzförmig einschneiden. Beim Kochen ziehen sich die Wurstenden dann zusammen, sodass die Würste wie kleine Oktopusse aussehen.

✥ Das Fleisch oder den Tofu in dünne Streifen schneiden.

✥ Salzwasser in einem großen Topf zum Kochen bringen und die Nudeln hineingeben. Gemäß der Packungsanweisung ein paar Minuten kochen, dann abgießen und kurz unter fließendem Wasser abschrecken.

✥ Nun werden die Zutaten gebraten. Dafür am besten eine Grillplatte oder eine Teppanyaki-Platte verwenden. Alternativ alles in einem Wok oder einer großen Pfanne braten. 2 EL Pflanzenöl in die Pfanne geben und bei hoher Temperatur erhitzen. Die Zwiebel, die Möhre, die Paprika, den Knoblauch und den Kohl 2 Minuten unter ständigem Rühren darin braten. Dann die Würstchen und das Fleisch oder den Tofu hinzufügen und alles weitere 2 Minuten braten. Dann die vorgegarten Nudeln dazugeben und nochmals 2 Minuten braten. Zum Schluss die Yakisoba-Sauce hinzufügen und alles gut vermischen.

✥ Das Yakisoba sofort servieren. Ist das nicht zum Heulen gut? Willst du mehr davon? Gib noch etwas eingelegten Ingwer und Katsuobushi zu den Nudeln und dann … U-MA-MI!

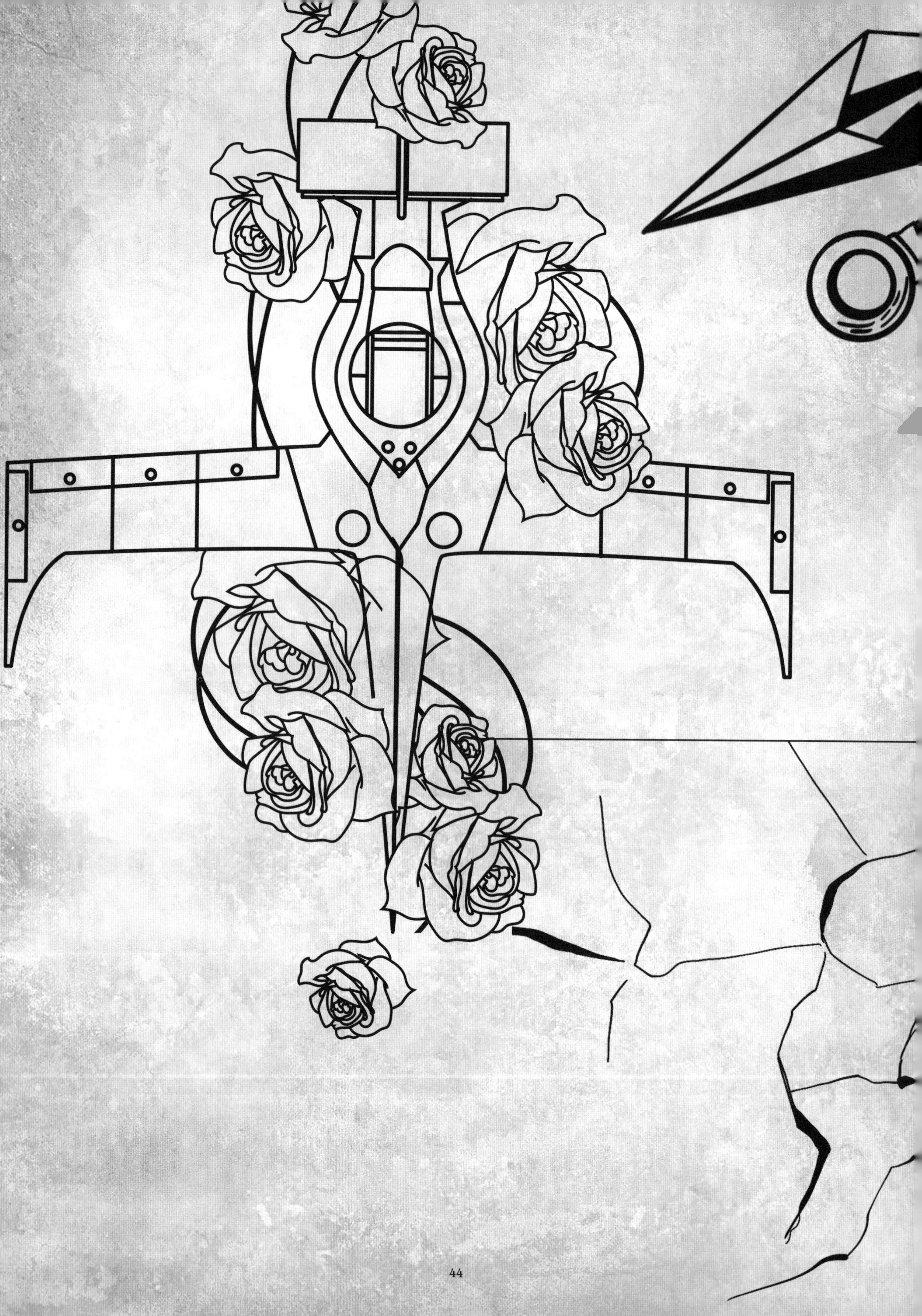

Tellergerichte

DEMON SLAYER

SCHWIERIGKEITSGRAD: ✦
Für 4 Personen
Zubereitung: 15 Min.
Kochzeit: 30 Min.

UMAI GYUBENTO VON RENGOKU

RINDFLEISCH MIT ZWIEBELN, MARINIERTEM EI, TOFU UND CHILI

ZUTATEN

FÜR DIE EIER
150 ml Sojasauce
2 Eier (Größe M)
2 Frühlingszwiebeln
Pflanzenöl
Fleur de sel

FÜR DAS ZWIEBELFLEISCH
2 Zwiebeln
3 cm frischer Ingwer
400 g Flanksteak (alternativ anderes Rindersteak)
Olivenöl
300 ml beliebige Dashi-Brühe (siehe Seite 110–113)
150 ml Sojasauce
100 ml Mirin
2 TL Rohrzucker
Neutrales Pflanzenöl (alternativ geröstetes Sesamöl)

FÜR DEN TOFU
200 g fester Tofu
1 TL Chilipaste

ZUM SERVIEREN
200 g gegarter Rundkornreis
Shishito-Pfefferschoten

Kaum jemand ist so gesellig und ein so guter Esser wie Rengoku Kyojuro. So still und feierlich (und dabei auch außerordentlich effektiv), wie er Dämonen auslöscht, mit ebenso viel Freude verschlingt er ein gut gemachtes Gericht, wie dieses Rindfleisch-Bento an Bord des Mugen-Zuges!

✥ Zunächst die Eier zubereiten und dafür die Sojasauce in eine Schale oder einen tiefen Teller gießen. Wasser in einem großen Topf zum Kochen bringen, die Eier hineingeben und 6 Minuten darin kochen. Eine Schale mit Eiswasser bereitstellen. Wenn die Eier fertig sind, diese aus dem Kochwasser nehmen und sofort in das Eiswasser legen. Im Wasser pellen, damit sich die Schale leichter löst. Die weichgekochten Eier in die Sojasauce legen und zur Seite stellen.

✥ Den Backofen auf 200 °C (Ober-/Unterhitze) vorheizen. Den Wurzelansatz der Frühlingszwiebeln entfernen. Die grünen Abschnitte abschneiden, die weißen schräg durchschneiden. Die Wurzelansätze im Kühlschrank aufbewahren und später für eine Gemüsebrühe verwenden. Die grünen Teile in feine Ringe schneiden und zur Seite legen. Die schrägen Stängel auf ein mit Backpapier belegtes Backblech legen. Mit Pflanzenöl beträufeln und mit Fleur de sel bestreuen. Dann 10–12 Minuten im Ofen rösten.

✥ Währenddessen das Zwiebelfleisch zubereiten. Die Zwiebeln schälen und in Streifen schneiden. Den Ingwer schälen und klein hacken. Das Fleisch parieren und in möglichst dünne Streifen schneiden, leicht salzen.

✥ Einen guten Schuss Olivenöl in einen großen Topf geben und bei mittlerer Temperatur erhitzen. Die Zwiebelringe und die grünen Abschnitte der Frühlingszwiebeln 2 Minuten dünsten. Dann die Dashi-Brühe, Sojasauce, den Mirin, Rohrzucker und gehackten Ingwer hinzufügen. Zum Kochen bringen, gut umrühren und dann die Rinderstreifen hineingeben. Weitere 2 Minuten unter Rühren kochen, bis das Fleisch rundum Farbe angenommen hat. Das Fleisch und die Zwiebeln herausnehmen, in eine Schüssel legen und abdecken. Die Sauce im Topf noch 5 Minuten einkochen.

✥ Den Tofu abtropfen lassen und in große, rechteckige Stücke schneiden. In die Pfanne zur Sauce geben. Die Chilipaste sorgfältig untermischen.

✥ Alles noch 5 Minuten kochen.

✥ Zum Anrichten den Reis auf vier Bento-Boxen verteilen, sodass diese zu zwei Dritteln gefüllt sind. Mit Zwiebelfleisch bedecken. Die weichen Eier halbieren und in den Boxteil legen. Die Tofuwürfel danebenlegen. Zwischen Ei und Tofu die Röstzwiebeln und die Shishito-Pfefferschoten an den Rand legen, und fertig sind die Bento-Boxen!

Hinweis: Für Veganer*innen das Fleisch durch Seitan ersetzen und eine vegetarische Brühe oder Dashi-Brühe verwenden.

鬼滅殺

DEMON SLAYER

SCHWIERIGKEITSGRAD: ✦
Für 4 Personen
Zubereitung: 10–20 Min.
Kochzeit: 30 Min.

NUDELN NACH ART VON ASAKUSA

DASHI, UDON-NUDELN, YAMSWURZEL UND ROHES EI

ZUTATEN

200 g Yamswurzel (Asien-Markt)
2 kleine Zwiebeln
1 getrocknetes Nori-Blatt
400 g frische Udon-Nudeln
4 Eigelbe
20 g Wasabi-Paste

FÜR DIE DASHI-BRÜHE
10 g Kombu-Algen
20 g Katsuobushi (getrocknete Bonitoflocken)
1 getrockneter Shiitake

Kaum dass Tanjiro eine Mission erfüllt hat und sich mit seiner Schwester Nezuko wieder auf den Weg macht, setzt sich ein großer schwarzer Vogel auf seine Schulter: Über den Verbindungsraben fordert ihn der Meister Kagaya auf, im Tokioter Stadtteil Asakusa Ermittlungen anzustellen. Ein paar Stunden später kommt er mit leerem Magen und wackeligen Beinen in der japanischen Hauptstadt an. Ein süßlicher Duft von Brühe steigt ihm in die Nase … und seine Ermittlungen beginnen mit einer Schüssel Yams-Nudeln.

✣ Für die Dashi-Brühe 1 l Wasser in einen Topf gießen und Kombu-Algen, Katsuobushi und den Shiitake hinzufügen. Aufkochen und 30 Minuten leise köcheln lassen.

✣ Währenddessen die restlichen Zutaten vorbereiten. Die Yamswurzel schälen und fein reiben, sodass ein dickliches, leicht sirupartiges Püree entsteht. Zur Seite stellen. Die Zwiebeln schälen und in feine Streifen schneiden. Das Nori-Blatt ebenfalls in kleine Streifen schneiden.

✣ Wenn die Brühe fertig ist, diese filtern. (Der Katsuobushi hält sich noch ein paar Tage im Kühlschrank und kann zum Würzen von Reis, Ei oder einem anderen Gericht verwendet werden.) Die gefilterte Brühe in einen Topf füllen und leise köcheln lassen.

✣ In einem großen Topf Wasser zum Kochen bringen und die Nudeln 12 Minuten darin kochen (traditionell kocht man jede Nudelportion einzeln). Diese dann abgießen und kurz unter kaltem Wasser abschrecken. Dabei mit einem Stäbchen trennen, sodass sie nicht aneinander kleben. Kurz zur Seite stellen.

✣ In jede Schale zunächst eine Portion Nudeln, dann heiße Dashi-Brühe füllen. Die geriebene Yamswurzel auf die Nudeln geben und ein Eigelb darauflegen. Zum Schluss die Nori-Streifen, Zwiebelstreifen und ein haselnussgroßes Stück Wasabipaste daraufgeben. Nun die Nudeln schön heiß servieren, um Herz und Seele zu wärmen. Achte darauf, die Schale nicht fallen zu lassen …

ATTACK ON TITAN

SCHWIERIGKEITSGRAD: ✦
Für 4 Personen
Zubereitung: 15 Min.
Kochzeit: 1 Std. 10 Min.

VEGANER EINTOPF

NACH ART DES AUFKLÄRUNGSTRUPPS

ZUTATEN

FÜR DIE BRÜHE
1 Stück Kombu-Alge
2 getrocknete Shiitake
3 EL Sojasauce
1 Kräutersträußchen (Lorbeer, Petersilie, Thymian)
2 EL Tomatenmark

FÜR DIE FÜLLUNG
8 mehligkochende Kartoffeln
6 Möhren
3 Zwiebeln
8 große Champignons (alternativ Shiitake)
100 g Erbsen (alternativ Edamame)
50 g grüne Bohnen

AUSSERDEM
Brot

Flexibilität, ein kühler Kopf und Improvisationstalent sind es, die bei Expeditionen hinter die Mauern über Leben und Tod entscheiden. Eine Rast ist, wenn überhaupt, nur nachts möglich, wenn die Titanen inaktiv sind. Deswegen ist es umso entscheidender, in der wenigen Zeit und mit noch weniger Zutaten ein Gericht zu kochen, das nicht nur den Magen füllt, sondern auch die Stimmung hebt.

✣ Für die Brühe 3,5 l Wasser, die Kombu-Alge, die getrockneten Shiitake, die Sojasauce und das Kräutersträußchen in einen Topf geben. Aufkochen und leise köcheln lassen. Dann die Kombu-Alge herausnehmen und die Brühe auf niedriger Temperatur warm halten.

✣ Die Kartoffeln und Möhren waschen und putzen. Beides in grobe, ungleichmäßige Stücke schneiden. Die Zwiebeln schälen und in große Stücke schneiden. Die Champignons mit leicht angefeuchtetem Küchenpapier reinigen und halbieren. Die Erbsen oder Edamame waschen. Die Bohnen waschen und putzen.

✣ Das ganze Gemüse in die Brühe geben und erneut aufkochen. Einen Topfdeckel auflegen und 1 Stunde bei niedriger Temperatur leise köcheln lassen.

✣ Eine Kelle von der Brühe abnehmen und in eine große Schale geben. Das Tomatenmark darin auflösen und wieder in den Topf geben. Gut unterrühren und alles noch einmal 10 Minuten kochen.

✣ Brühe und Gemüse auf 4 Schalen aufteilen und mit einer schönen Scheibe Brot servieren.

ONE PUNCH MAN

SCHWIERIGKEITSGRAD: ✦
Für 2 Personen
Zubereitung: 15 Min.
Kochzeit: 25 Min.

PUNCH-NABE

JAPANISCHES FONDUE MIT RINDFLEISCH, TOFU UND CHINAKOHL

ZUTATEN

FÜR DIE SOJA-DASHI-BRÜHE
10 g Kombu-Algen
5 g Katsuobushi
3 EL Sojasauce
1 EL Mirin

FÜR DIE WARISHITA-SAUCE
4 EL Sake
4 EL Mirin
4 EL Sojasauce
1 TL Soja-Dashi-Brühe
1 EL Rohrzucker

FÜR DAS RINDFLEISCH
600 g Rindersteak
8 braune Champignons (alternativ Shiitake)
1 Traube Shimeji-Pilze
4 große Chinakohlblätter
4 große Handvoll Blattspinat
200 g fester Tofu
neutrales Pflanzenöl
100 g Shirataki-Nudeln (oder andere Nudeln)

ZUM SERVIEREN
Sansho-Pfeffer
Shichimi Togarashi

Nabe! Dieses Gericht genießen Saitama und Genos regelmäßig. Das Fondue ist ein klassisches Gericht der japanischen Küche, einfach zuzubereiten und in Gesellschaft zu essen. Der Trick zum Erfolg besteht darin, niemals die Kohlblätter zu vergessen …

✥ Für die Soja-Dashi-Brühe 1,5 l Wasser mit den Kombu-Algen, dem Katsuobushi, der Sojasauce und dem Mirin in einen großen Topf geben und zum Köcheln bringen. 10 Minuten leise köcheln und anschließend filtern. Zur Seite stellen.

✥ Für die Warishita-Sauce den Sake und Mirin in einen Topf geben und leise köcheln lassen. Dann die Sojasauce, 1 TL Soja-Dashi-Brühe sowie den Zucker hinzufügen. Noch 2 Minuten weiter köcheln, dabei alles gut vermischen und danach bei sehr niedriger Temperatur warm halten.

✥ Für den Nabemono das Rindfleisch in sehr dünne Streifen schneiden. Die Pilze mit leicht angefeuchtetem Küchenpapier vorsichtig reinigen. Das Gemüse waschen und trocken tupfen. Den Tofu abtropfen lassen und in Würfel schneiden.

✥ In einer hohen Pfanne oder in einem Nabe-Topf einen guten Schuss Pflanzenöl bei mittlerer Temperatur erhitzen. Das Fleisch kurz darin anbraten, dann die anderen Zutaten rundherum nebeneinander anrichten. Mit der Soja-Dashi-Brühe bedecken und den Nabe-Topf oder die Pfanne auf die Kochplatte in der Tischmitte stellen. Alles zugedeckt 15 Minuten kochen, dann können die Zutaten verzehrt werden.

✥ Nabe ist ein geselliges Essen, bei dem sich jede*r bedient und die eigenen Zutaten in der Brühe gart. Mit der Warishita-Sauce, etwas Sansho-Pfeffer und Shichimi Togarashi würzen. Guten Appetit!

NARUTO

SCHWIERIGKEITSGRAD: ✦ ✦ ✦
Zubereitung: 45 Min.
Kochzeit: 6 Std. 45 Min. (davon 6 Std. 30 Min. für den Chashu-Schweinebauch)
Ruhezeit: 12 Std. (für den Chashu-Schweinebauch)

DIE BESTEN ICHIRAKU-RAMEN

MISO-RAMEN MIT CHASHU

ZUTATEN

2 l Brühe (Dashi-, Gemüse- oder Hühnerbrühe; siehe Seite 110–113)
40 g marinierte Bambussprossen (Menma)
320 g Weizennudeln
2 in feine Streifen geschnittene Zwiebeln
4 getrocknete Nori-Blätter
4 Stücke Narutomaki (gehärtetes Fischfleisch)

FÜR DAS KNOBLAUCH-INGWER-ÖL
3 cm frischer Ingwer
1 Knoblauchzehe
100 ml neutrales Pflanzenöl

FÜR DEN CHASHU-SCHWEINEBAUCH
4 Schalotten
2 Knoblauchzehen
2 cm frischer Ingwer
150 ml Sojasauce
250 ml Sake zum Kochen
250 ml Mirin
75 g Rohrzucker
350 ml kohlensäurehaltiges Mineralwasser
600 g Schweinebauch (mit Haut, eingerollt und verschnürt)

*Ramen sind Narutos absolutes Lieblingsessen, egal ob Instant oder frisch zubereitet. Aber die Besten gibt es bei Ichiraku und bei diesem Rezept kann auch jede*r verstehen, warum. Auf den ersten Blick mag es aufwändig erscheinen, doch am Ende erhält man eine Schüssel voller Glück und Umami! Immerhin sind Teuchi und Ayame Meister ihres Fachs!*

✣ Ein Ramen besteht aus mehreren Komponenten: einer Brühe, Nudeln, einem Tare – der ihm sein charakteristisches Aroma verleiht –, einem würzigen Öl und Toppings. Jede Komponente, die du für dieses Rezept zubereitest, kann eingefroren und für später aufbewahrt werden. Im Folgenden beschreibe ich die einzelnen Komponenten für die Ramen. Wenn sie fertig sind, muss man es nur noch zusammenstellen!

✣ Zunächst das Knoblauch-Ingwer-Öl zubereiten. Dafür den Ingwer waschen, trocken tupfen und in feine Scheiben schneiden. Den Knoblauch schälen und ebenfalls in feine Scheiben schneiden. Das Pflanzenöl in einem kleinen Topf auf 80 °C erhitzen und den Knoblauch und Ingwer hineingeben. 2 Minuten erwärmen, ohne dass es anbrennt, dann den Topf vom Herd nehmen. Das Öl abkühlen lassen und mit den Knoblauch- und Ingwerstücken bis zur Verwendung in einem gut verschlossenen Gefäß aufbewahren.

✣ Für den Chashu-Schweinebauch zunächst die Schalotten abziehen und in grobe Stücke schneiden. Den Knoblauch und Ingwer ungeschält zerdrücken. Alle Zutaten bis auf den Schweinebauch in einen kleinen gusseisernen Topf geben (er sollte später ganz in der Flüssigkeit liegen können, daher ist ein Topf mit 18 cm Ø perfekt).

✣ Den Backofen auf 150 °C (Ober-/Unterhitze) vorheizen. Den Topf bei mittlerer Temperatur erhitzen und die Flüssigkeit leise köcheln lassen. Dann den Schweinebauch hineinlegen. Den Topfdeckel auflegen und den Topf für 1½ Stunden in den heißen Ofen stellen. Dann die Temperatur auf 130 °C herunterschalten und das Fleisch noch weitere 5 Stunden garen, nach der Hälfte der Zeit wenden.

✣ Dann den Topf aus dem Ofen nehmen; das Fleisch sollte weich und faserig sein. Es kann sofort verzehrt werden, aber traditionell lässt man es mindestens 12 Stunden im Kühlschrank ruhen. So wird es etwas fester und lässt sich wie Schinken aufschneiden.

✤ Für die marinierten Eier zunächst Wasser in einem Topf zum Kochen bringen, die Eier hineingeben und 6 Minuten weich kochen. Das Eiweiß sollte dann hart, aber das Eigelb noch flüssig sein. Währenddessen ein Gefäß mit Eiswasser bereitstellen. Die gekochten Eier darin abschrecken. Dann direkt im Wasser pellen; so lässt sich die Schale leichter lösen. Die Eier in eine kleine Dose legen. Den Bratensaft vom Schweinebauch und 2 EL Wasser hinzufügen und die Dose fest verschließen.

✤ Für den Miso-Tare kann eine beliebige Miso-Sorte verwendet werden. In einer kleinen Schale die Zutaten sowie 4 EL Wasser mit einem Schneebesen zu einer glatten Mischung verquirlen. Zur Seite stellen.

✤ Die Brühe zum Köcheln bringen und den Miso-Tare unter Rühren hinzufügen. Weiter köcheln lassen und währenddessen die Ramen anrichten.

✤ Bevor die Nudeln gekocht werden, alle Zutaten für die Ramen bereitstellen.

✤ Die Eier aus der Marinade nehmen. Wenn sie sich schön verfärbt haben, sind sie würzig.

✤ Die marinierten Bambussprossen zurechtlegen. Den Cashu-Schweinebauch in dünne Scheiben schneiden; dabei pro Person zwei Scheiben berechnen. Das Knoblauch-Ingwer-Öl bereitstellen.

✤ 4 l Wasser zum Kochen bringen, die Nudeln hineingeben und entsprechend der Packungsanleitung kochen. Dann abgießen und unter kaltem Wasser abschrecken, um restliche Stärke zu entfernen, damit sie nicht aneinander kleben. (Traditionell wird jede Nudelportion separat gekocht.)

✤ Die Ramen-Bowls wie folgt zusammenstellen: Zunächst heiße Miso-Brühe hineingeben. 1 TL Knoblauch-Ingwer-Öl und anschließend die Nudeln hinzufügen. Ein ganzes Ei dazugeben. Alternativ das Ei zuvor in Scheiben schneiden. Die Schweinebauchscheiben, dann die Bambussprossen sowie die Zwiebelstreifen dazugeben und zuletzt ein Nori-Blatt an den Rand stecken. Abschließend die Narutomaki-Scheiben darauflegen. Den Miso-Ramen mit Chashu sofort servieren!

FÜR DIE MARINIERTEN EIER

4 Eier (Größe M)
2 Kellen Bratensaft vom Chashu-Schweinebauch

FÜR DEN MISO-TARE

1 EL Miso-Paste
1 EL Mirin
1 EL Sojasauce

ONE PIECE

SCHWIERIGKEITSGRAD: ✦
Für 4 Personen
Zubereitung: 20 Min.
Ruhezeit: 1–12 Std.
Kochzeit: 2 Std. 30 Min. (45 Min. im Schnellkochtopf)

SANJIS UND TAJIOS CURRY

JAPANISCHES CURRY

ZUTATEN

1 Tomate
4 Möhren
4 Kartoffeln
2 Zwiebeln
Pflanzenöl
2 l Dashi-Brühe aus getrockneten Bonitoflocken (siehe Seite 110)
Salz, Pfeffer

FÜR DAS RINDFLEISCH UND DIE MARINADE
600 g Rinderbug (Schulter)
Salz, Pfeffer
2 Knoblauchzehen
1 cm frischer Ingwer
1 EL Kurkumapulver
4 EL Joghurt

FÜR DIE CURRY-MEHLSCHWITZE
1 Knoblauchzehe
1 cm frischer Ingwer
40 g Butter (für ein veganes Curry Sonnenblumenöl)
40 g Mehl (Type 405)
10 g Currypulver
15 g Garam Masala
1 TL Tomatenmark
2 EL Sojasauce
1 Apfel

ZUM SERVIEREN
320 g gekochter Japonica-Reis

Er wirkt vielleicht nicht so, aber Sanji ist einer der erfahrensten und talentiertesten Köche, die auf der Grandline segeln. Als er dem jungen Tajio begegnet, der die Aufgabe hat, ein Curry zuzubereiten, kann er nicht widerstehen, ihm zu helfen. Dabei kochen sie gemeinsam ein Curry, das diesen Namen auch verdient.

✣ Das Fleisch in mittelgroße Würfel schneiden und in eine Schüssel legen. Etwas salzen und pfeffern. Kurz zur Seite stellen. Den Knoblauch und Ingwer schälen und klein hacken. Beides mit dem Kurkuma und dem Joghurt zum Fleisch geben und alles gründlich vermischen. Die Milchsäurebakterien sorgen dafür, dass das Fleisch zart wird. Mit Frischhaltefolie abdecken und für mindestens 1 Stunde, aber höchstens für 12 Stunden in den Kühlschrank stellen.

✣ Währenddessen die restlichen Zutaten vorbereiten. Wasser in einem großen Topf zum Kochen bringen und eine große Schüssel mit Eiswasser bereitstellen. Den Stielansatz der Tomate mit einem Messer entfernen, die Tomate unten kreuzweise einschneiden und für 30 Sekunden in das kochende Wasser legen, anschließend in das Eiswasser. Die Haut abziehen und die Tomate vierteln. Die Möhren, Kartoffeln und Zwiebeln schälen. Alles in grobe Stücke schneiden und zur Seite stellen.

✣ Einen Schuss Pflanzenöl in einem Schmortopf auf mittlere Temperatur erhitzen. Das marinierte Fleisch mit der Marinade hineingeben und die Stücke 2 Minuten braun anbraten. Die Tomate, Möhren, Kartoffeln und Zwiebeln hinzufügen, dann die Dashi-Brühe und 500 ml Wasser dazugießen, mit Salz und Pfeffer abschmecken und alles gut vermischen. Den Topfdeckel auflegen und 2 Stunden leise köcheln lassen.

✣ Anschließend die Curry-Mehlschwitze zubereiten. Knoblauch und Ingwer schälen und klein hacken. Die Butter in einen Topf geben und bei niedriger Temperatur zerlassen. Mehl, Curry, Garam Masala, Tomatenmark, Knoblauch und Ingwer hinzufügen. Sorgfältig vermischen, bis die Masse glatt und trocken wird. Dann die Sojasauce unterrühren. Den Topf vom Herd nehmen. Den Apfel waschen, putzen und grob reiben. Den Topf wieder auf den Herd stellen und den geriebenen Apfel unter die Curry-Mehlschwitze rühren. Rühren, bis eine glatte Masse entsteht, die sich vom Topfboden löst.

✣ Mit einer Kelle etwas Kochflüssigkeit vom Fleisch abnehmen und die Mehlschwitze damit verlängern. Dann in den Topf zum Fleisch und Gemüse geben und alles sorgfältig vermischen. Noch 30–45 Minuten leise köcheln lassen.

✣ Das Curry auf vier tiefen Tellern verteilen und mit dem heißen Reis servieren. *Itadakimasu* !

ONE PIECE

SCHWIERIGKEITSGRAD: ✦
Für 4 Personen
Zubereitung: 15 Min.
Kochzeit: 15 Min.

MEERESFRÜCHTE-REIS FÜR GIN

REIS MIT GEBRATENEM TINTENFISCH UND GARNELEN

ZUTATEN

2 Frühlingszwiebeln
2 cm frischer Ingwer
500 g Tintenfischringe
2 Tintenfisch-Tentakeln, in Fischfond gegart
8 Riesengarnelen
2 EL Pflanzenöl
2 EL Sake zum Kochen
1 EL Sojasauce
300 g gekochter Reis
1 TL Shichimi Togarashi
1 EL Nori-Pulver
1 Zitrone

Selbst ein bescheidenes Gericht aus gebratenem Reis und Meeresfrüchten kann auf Hoher See den Unterschied zwischen Leben und Tod bedeuten, vor allem wenn es mit Liebe und Herzensgüte gekocht ist. Denn auch in einer kleinen Geste kann man die wahre Größe eines Menschen erkennen.

✣ Die Frühlingszwiebel hacken, die grünen Abschnitte in feine Ringe schneiden und den weißen Teil hacken. Getrennt zur Seite legen. Den Ingwer schälen und klein hacken.

✣ Die Tintenfischringe abwaschen. Die Tentakeln in kleine Stücke schneiden. Die Därme und Schwänze der Garnelen entfernen.

✣ In einer großen Pfanne oder in einem Wok das Pflanzenöl auf hohe Temperatur erhitzen. Dann die Tintenfischringe 4–5 Minuten darin anbraten. Mit Sake und Sojasauce ablöschen. Die weißen Teile der Frühlingszwiebeln und den Ingwer dazugeben und die Temperatur auf mittlere Stufe herunterschalten. Die Tintenfisch-Tentakeln und Garnelen hinzufügen und 1½ Minuten mitdünsten. Dann den Reis untermischen, mit Shichimi Togarashi und Nori-Pulver würzen. Die Temperatur auf hohe Stufe hochschalten und alles noch 1½ Minuten braten, dann heiß servieren.

✣ Mit den grünen Zwiebelringen bestreuen und mit etwas Zitronensaft beträufeln. Dieses Meeresfrüchte-Gericht bringt dich sicher auf den Geschmack!

JOJO'S BIZARRE ADVENTURE

SCHWIERIGKEITSGRAD: ✦
Für 4 Personen
Zubereitung: 10 Min.
Kochzeit: 15 Min.

TONIOS PRIMO PIATTO

PASTA ALLA PUTTANESCA

ZUTATEN

10 Sardellenfilets (in Salz, Dose)
1 Knoblauchzehe
35 g grobes Salz
2 EL Olivenöl
250 g geschälte Tomaten (San-Marzano, Dose)
20 schwarze Oliven (z. B. aus Nizza oder Gaeta)
2 EL Kapern
rotes Chilipulver
320 g Spaghetti
½ Bund glatte Petersilie
60 g Parmesan

Achtung! Tonio Trussardis Pasta ist so heiß und lecker, dass die Gefahr besteht, sich vor lauter Appetit den Kiefer auszurenken!

✣ Die Sardellenfilets abwaschen und trocken tupfen. Den Knoblauch schälen und in feine Scheiben schneiden. 3,2 l Wasser in einen großen Topf gießen, das grobe Salz hinzufügen und zum Kochen bringen.

✣ Währenddessen 2 EL Olivenöl in eine große Pfanne geben und auf mittlere Temperatur erhitzen. Den Knoblauch hinzufügen und 1 Minute braten, bis er sich leicht verfärbt. Die Sardellen dazugeben, 2 Minuten mitbraten und dann die Tomaten hinzufügen. Alles gut vermischen, dann die Oliven, Kapern und 2 Prisen Chilipulver dazugeben. Umrühren und bei niedriger Temperatur köcheln lassen.

✣ Wenn das Wasser kocht, die Spaghetti hineingeben (aber nicht durchbrechen) und nach Packungsanweisung al dente kochen. Dann aus dem Kochwasser direkt in die Sauce geben. Die Petersilie waschen, trocken schütteln und die Blätter von den Stielen zupfen.

✣ Die Nudeln mit ein paar Petersilienblättern garnieren und heiß servieren. Den Parmesan reiben und darüberstreuen.

JOJO'S BIZARRE ADVENTURE

SCHWIERIGKEITSGRAD: ✦
Für 4 Personen
Zubereitung: 20 Min.
Ruhezeit: 1 Std.
Kochzeit: 20 Min.

SCHWARZE TAGLIATELLE

TAGLIATELLE MIT SCHWARZER TINTE

ZUTATEN

FÜR DIE SELBST GEMACHTEN TAGLIATELLE
400 g Mehl (Type 405), plus etwas mehr zum Bestäuben
4 Eier (Größe M)
Salz
1 TL Tintenfischtinte

FÜR DIE TINTENFISCH-SAUCE
4 Knoblauchzehen
2 Schalotten
½ Bund Petersilie
1 TL Tintenfischtinte
1 kleiner Tintenfisch (küchenfertig)
Olivenöl
30 g Butter
Salz, Pfeffer

Du erinnerst dich bestimmt immer an deine erste Begegnung mit Caesar Antonio Zeppelli: Dieser gemeine Verführer legte sich mächtig ins Zeug und bezauberte eine junge Frau, die seine Worte förmlich in sich aufsaugte. Du konntest es nicht lassen, ihn mit deiner Pasta heimlich herauszufordern … Diese Nudeln waren ziemlich gut, also warum versuchst du nicht, sie nachzukochen?

✣ Zunächst die Nudeln zubereiten. Dafür das Mehl auf die Arbeitsfläche schütten und eine große Vertiefung in der Mitte formen. Die Eier in einer Schale aufschlagen und dann in die Vertiefung gießen. 2–4 Minuten mit einer Gabel verrühren und dabei Mehl unter die Eier mischen, bis die Masse glatt wird. Diese mit 1 Prise Salz bestreuen. Die Tintenfischtinte hinzufügen und den Teig 10 Minuten mit den Handflächen kneten, bis er schön glatt und schwarz ist. In eine Schüssel legen, mit Frischhaltefolie abdecken und für 1 Stunde in den Kühlschrank stellen.

✣ Danach herausnehmen und in vier Teile teilen. Diese jeweils flach drücken und durch die Nudelmaschine ziehen, sodass 4 dünne, lange Teigplatten entstehen. Diese jeweils ein paar Mal falten und dann mit einem Küchenmesser längs in Tagliatelle schneiden. Auf einem mit etwas Mehl bestäubten Bogen Backpapier ausbreiten, damit sie nicht aneinanderkleben. Dann kurz zur Seite legen.

✣ Für die Tintenfisch-Sauce den Knoblauch und die Schalotten schälen und fein hacken. Die Petersilie waschen, trocken schütteln, die Blätter von den Stängeln zupfen und ebenfalls fein hacken. Die Tintenfischtinte in 500 ml Wasser verrühren. Den Tintenfisch in Streifen schneiden.

✥ Einen Schuss Olivenöl in einer hohen Pfanne auf mittlere Temperatur erhitzen. Die Butter hinzufügen, schmelzen lassen und die gehackten Schalotten darin 2 Minuten dünsten. Den Knoblauch und die Hälfte der Petersilie dazugeben. Noch 1 Minute dünsten, dann die Temperatur hochschalten und die Tintenfischstreifen hinzufügen. Mit Salz und Pfeffer bestreuen und 1 Minute dünsten, dann mit dem Tinten-Gemisch ablöschen. Sorgfältig umrühren und zum Kochen bringen. Die Sauce etwa 10 Minuten auf die Hälfte einkochen.

✥ Währenddessen 3 l Salzwasser zum Kochen bringen und die Tagliatelle 2–3 Minuten darin kochen. Wenn sie noch ein wenig fest sind, mit einer Zange herausnehmen und gleich in die Pfanne zum Tintenfisch und der Sauce geben. Gut vermischen und die restliche Petersilie hinzufügen.

✥ Mit einem Löffel die Tintenfischstreifen jeweils in der Mitte von vier tiefen Tellern verteilen. Die schwarzen Tagliatelle darum herum anrichten. Dann gleich servieren und genießen!

MATERIAL

Nudelmaschine, alternativ Nudelholz

BORUTO

SCHWIERIGKEITSGRAD: ✦
Für 4 Personen
Zubereitung: 30 Min.
Kochzeit: 10 Min.

ZUTATEN

FÜR DIE HÄHNCHEN-PATTIES
1 cm frischer Ingwer
300 g Hähnchen-Hackfleisch
1 Ei (Größe M)
2 EL Semmelbrösel
2 EL Milch
Salz
1 gestr. TL Paprikapulver
Mehl (Type 405)

FÜR DIE SAUCE
10 Korianderblätter
(alternativ frische Dillspitzen)
4 EL Mayonnaise
Saft von ½ Zitrone
1 gestr. TL gemahlener Sansho-Pfeffer

ZUM SERVIEREN
4 Salatblätter
2 Salzzitronen
4 selbst gebackene Burger-Brötchen
(siehe Seite 115)
25 g Butter
Pflanzenöl
Salz

SUPER-SÄUERLICHER BURGER

GEFLÜGEL-BURGER MIT ZITRONEN-MAYONNAISE UND SALZZITRONE

Während Naruto verrückt nach Ramen ist, ist sein Sohn eher von der geheimnisvollen Kunst und dem Verzehr von Burgern begeistert. Den unvergesslichen Zitronen-Burger von Lightning Burger durfte er zusammen mit Konohamaru und Miss Remon probieren.

✥ Für die Hähnchen-Patties zunächst den Ingwer schälen und klein hacken. Mit dem Hackfleisch, dem Ei, den Semmelbröseln, der Milch, 1 gestrichenen TL Salz und dem Paprikapulver in eine Schüssel geben und alles sorgfältig zu einer glatten Masse vermischen.

✥ Die Hände leicht mit Mehl bestäuben und die Masse in vier gleich große Stücke teilen. Diese zwischen den Handflächen zu Patties formen und dabei Luftblasen entfernen, damit sie beim Braten fest werden. Mit Frischhaltefolie abdecken und in den Kühlschrank legen.

✥ Den Koriander oder Dill waschen, trocken schütteln und fein hacken. Mit der Mayonnaise, dem Zitronensaft und dem Sansho-Pfeffer in einer Schale gut vermischen.

✥ Die Salatblätter waschen, trocken tupfen und grob hacken. Die Salzzitronen in dünne Scheiben schneiden. Nun ist alles vorbereitet und es kann gebraten werden!

✥ Die Brötchen aufschneiden, mit Butter bestreichen und bei mittlerer Temperatur in einer Pfanne goldgelb rösten. Dann vom Herd nehmen.

✥ Einen Schuss Pflanzenöl in einer großen Pfanne auf hohe Temperatur erhitzen. Die Hähnchen-Patties hineinlegen und mit 1 kräftigen Prise Salz bestreuen. Von jeder Seite 1 Minute anbraten, anschließend die Temperatur herunterschalten und 6–8 Minuten braten, bis sie innen gar, aber außen noch weich sind. Dann auf Küchenpapier abtropfen lassen.

✥ Die Unterseiten der gerösteten Burger-Brötchen mit Sauce bestreichen. Jeweils einen Patty darauflegen und diesen mit den Zitronenscheiben und gehackten Salatblättern belegen. Mit der Brötchen-Oberseite bedecken und gleich servieren.

ULTRA-SCHARFER BURGER

SCHARFER HAMBAGU-BURGER MIT CHILI-KETCHUP

BORUTO

SCHWIERIGKEITSGRAD: ✦
Für 4 Personen
Zubereitung: 30 Min.
Ruhezeit: 1 Std.
Kochzeit: 10 Min.

ZUTATEN

FÜR DIE HAMBAGU-PATTIES
1 große Zwiebel
Pflanzenöl (z. B. Oliven- oder Traubenkernöl)
250 g Rinderhackfleisch
150 g Schweinehackfleisch
1 Ei (Größe M)
5 g Salz
2 EL Rinderbrühe (siehe Seite 111)
1 TL rotes Miso
2 EL Panko
2 EL Milch
1 TL gemahlene Nori-Algen (alternativ glatte Petersilie)
Sesamöl

FÜR DEN CHILI-KETCHUP
4 EL selbst gemachter Ketchup (siehe Seite 114)
2 EL Chilipaste
1 TL Sojasauce
1 TL Rohrzucker

ZUM SERVIEREN
4 selbst gebackene Burger-Brötchen (siehe Seite 115)
Paprikapulver (alternativ Cayennepfeffer)
Pflanzenöl (z. B. Oliven- oder Traubenkernöl)
4 Salatblätter
4 Scheiben Cornichons
16 kleine Chilischoten

Dieser Hot'n Spicy Burger ist bei einem Wettbewerb entstanden. Und auch wenn Boruto das Wasser im Mund zusammenläuft, ist der Burger so scharf, dass einem der bloße Geruch Tränen in die Augen treibt … Noch ist ungeklärt, ob ein Mensch ihn wirklich essen kann.

✣ Für die Patties die Zwiebel schälen und fein hacken. Einen Schuss Pflanzenöl in einer Pfanne auf mittlere Temperatur erhitzen. Die gehackte Zwiebel darin 5 Minuten dünsten, ohne dass sie zu sehr karamellisiert. Zur Seite stellen. Beide Hackfleischsorten mit dem Ei, dem Salz, der Brühe, dem Miso, dem Panko, der Milch, dem Nori-Pulver sowie der angeschwitzten Zwiebel in eine Schüssel geben. Von Hand 2 Minuten gründlich zu einer dicklichen, glatten Masse verkneten.

✣ Diese in vier gleich große Teile aufteilen und zu Patties formen. Die Hände mit einem Tropfen Sesamöl einfetten und das Fleisch formen, dabei wie kleine Bälle von einer Hand zur anderen werfen – so wird ihm Luft entzogen, damit es beim Braten nicht anbrennt. Dann auf einen Teller legen und mit Frischhaltefolie abdecken.

✣ Für 1 Stunde in den Kühlschrank legen, damit das Fett vor dem Braten etwas aushärtet.

✣ Währenddessen den Chili-Ketchup zubereiten. Dafür den Ketchup, die Chilipaste, die Sojasauce und den Zucker in einer Schale vermischen.

✣ Die Brötchen unter dem Backofengrill oder im Toaster rösten. Die Oberseite mithilfe der Schablone (Seite 115) mit Paprikapulver oder Cayennepfeffer bestreuen.

✣ Einen Schuss Pflanzenöl in einer Pfanne bei hoher Temperatur erhitzen. Die Hackfleisch-Patties hineinlegen und gut 1 Minute von beiden Seiten braten, dann die Temperatur auf mittlere Stufe herunterschalten. Noch 4–5 Minuten weiterbraten, dann auf Küchenpapier legen.

✣ Die Brötchen-Unterhälften mit Chili-Ketchup bestreichen und die Burger wie folgt zusammensetzen: Brötchenhälfte mit Ketchup, ein Salatblatt, Patty, Sauce, Cornichons, ganze Chilischoten und die Brötchen-Oberhälfte. Sofort verzehren!

Hinweis: Dieses Rezept ist nur mäßig scharf. Man sollte wissen, dass der übermäßige Verzehr von frischen, scharfen Chilischoten sehr gefährlich und schmerzhaft sein kann. Also Vorsicht, die eigenen Grenzen nicht überschreiten und lieber nichts riskieren!

Menu

HUNTER X HUNTER

SCHWIERIGKEITSGRAD: ✦
Für 4 Personen
Zubereitung: 15 Min.
Kochzeit: 1 Std. 50 Min.

PASTA ELSÄSSISCHER ART

SPAGHETTI MIT HACKFLEISCH UND PILZEN

ZUTATEN

1 Stange Staudensellerie
2 Möhren
4 Schalotten
10 Champignons
250 g Rinderhackfleisch
150 g Schweine- oder Kalbhackfleisch
Salz, Pfeffer
1 EL gemahlener Thymian
1 EL getrockneter Oregano
Olivenöl
100 ml Weißwein
100 ml Kalbsfond
500 g gehackte Tomaten (Dose)
150 g Kirschtomaten (Dose)
Zucker
1 Kräutersträußchen (Lorbeer, Petersilie, Thymian)
60 ml Vollmilch
30 g grobes Salz
320 g Spaghetti
Basilikumblätter

Es gibt nicht viele, die sich der Herausforderung stellen, einen Berg Spaghetti mit Sauce in weniger als 30 Minuten zu verschlingen! Gon und Killua haben es natürlich trotzdem mühelos hinbekommen. Wie schaffen es so kleine Menschen nur, sich so vollzustopfen?

✣ Für das italienische soffritto den Sellerie, die Möhren und die Schalotten schälen und klein würfeln. Zur Seite stellen. Die Pilze putzen und in dünne Scheiben schneiden.

✣ Die Hackfleischsorten getrennt salzen und dann in einer Schüssel zusammen mit dem Thymian und Oregano gründlich vermischen.

✣ Einen guten Schuss Olivenöl in einen großen Topf geben und auf mittlere Temperatur erhitzen. Das soffritto hineingeben und leicht würzen. 20 Minuten dünsten und anschließend in eine Schale geben.

✣ Dann den Topf auf hohe Temperatur erhitzen und das Fleisch darin 1–2 Minuten rundum braun anbraten. Mit Weißwein ablöschen. Mit einem Holzspatel die Bratrückstände vom Topfboden abkratzen, damit sie sich im Bratensaft auflösen.

✣ Das gedünstete Gemüse untermischen, dann den Kalbsfond und die Tomaten hinzufügen. 1 Prise Zucker dazugeben, alles umrühren und abschmecken. Das Kräutersträußchen hineinlegen, die Temperatur auf niedrige Stufe herunterschalten und die Sauce 1½ Stunden leise köcheln lassen. Anschließend die Milch unterrühren.

✣ Wenn die Sauce fertig ist, für die Nudeln 3,2 Liter Wasser mit dem groben Salz in einem großen Topf zum Kochen bringen. Die Nudeln hineingeben und 30–60 Sekunden kürzer als auf der Packung angegeben kochen. Danach 2 Kellen Kochwasser abnehmen. Die Spaghetti abgießen und zur Sauce geben. Dann das abgenommene Kochwasser dazugeben. Alles sorgfältig umrühren, sodass sich die Nudeln gut mit der Sauce vermischen und darin fertiggaren. Schön heiß servieren und mit ein paar Basilikumblättern garnieren.

FIRE FORCE

SCHWIERIGKEITSGRAD: ✦✦
Für 1 Person
Zubereitung: 10 Min.
Kochzeit: 12 Min.

OMURICE NACH ART VON ISARIBI

GEBRATENER CHILI-REIS MIT OMELETT UND SELBST GEMACHTEM KETCHUP

ZUTATEN

FÜR DAS OMELETT
3 Eier (Größe M)
Salz
15 g Butter

FÜR DEN GEBRATENEN REIS
1 Frühlingszwiebel
2 große Champignons
5 Kirschtomaten
Olivenöl
Salz
Zucker
50 g dampfgegarter Reis
2 EL Sojasauce
1 EL Mirin
1 TL Chilipaste

ZUM SERVIEREN
20 g vorgegarte Erbsen
1 Nori-Blatt
selbst gemachter Ketchup
(siehe Seite 114)
Kirschtomaten
Salatgurke
(alternativ Brokkoli)

Lisa Isaribi hat ein Händchen dafür, aus Resten ein schmackhaftes Omurice zuzubereiten, das an die Wärme einer Familie und glücklichere Zeiten erinnert. Kein Wunder also, dass Vulcan und Yū es so lieben.

✣ Zuerst den gebratenen Reis zubereiten. Dafür die Frühlingszwiebel waschen und die grünen und weißen Abschnitte hacken. Die Champignons mit leicht angefeuchtetem Küchenpapier reinigen und in 2 mm große Würfel schneiden. Die Tomaten waschen und halbieren.

✣ Einen Schuss Olivenöl in einen Topf geben und bei mittlerer Temperatur erhitzen. Die Tomaten hineingeben. Mit je 1 Prise Salz und Zucker bestreuen und 5 Minuten dünsten. Dann den Reis hinzufügen und auflockern. Aufwärmen und anschließend die Zwiebel und Champignons dazugeben. Dann die Sojasauce, den Mirin und die Chilipaste unterrühren. Die Temperatur etwas höher schalten und alles 2 Minuten braten, dann in eine große Schale füllen.

✣ Für das Omelett die Eier in einer Schüssel verquirlen, ohne dass sie schaumig werden. Nach Belieben salzen. Kurz zur Seite stellen. Die Butter in einer Pfanne bei mittlerer Temperatur zerlassen. Dann das Ei hineingeben und ca. 1½–2 Minuten braten. Mit einem Holzspatel von den Seitenwänden lösen und das Omelett aufrollen, sodass es dabei eine rechteckige Form bekommt, die wie eine kleine Decke aussieht, die den Reis bedeckt.

✣ Den Reis kuppelförmig auf den Teller stürzen. Mit Erbsen und ein paar Stückchen Nori-Blättern so verzieren, dass sie wie Augen, Nase und Barthaare einer kleinen Robbe aussehen. Mit dem Omelett bedecken und mit Ketchup garnieren. Etwas frisches Gemüse dazu reichen und heiß servieren.

TOKYO GHOUL

SCHWIERIGKEITSGRAD: ✦
Für 4 Personen
Zubereitung: 15 Min.
Kochzeit: 1 Std.

NIKUJAGA VON YORIKO

RINDERSCHMORTOPF MIT GEMÜSE UND SHIRATAKI-NUDELN

ZUTATEN

2 Möhren
2 Zwiebeln
8 mehligkochende Kartoffeln
100 g Erbsen
Salz, Pfeffer
300 g Shirataki-Nudeln aus Konjak
600 g Schweinefilet (alternativ Nierenzapfen vom Rind oder Hähnchenbrustfilet)
Sesamöl
100 ml Sojasauce
50 ml Mirin
50 ml Sake zum Kochen
2 TL Zucker
500 ml Dashi-Brühe (siehe Seite 110)

Nikujaga ist ein wunderbares japanisches Schmorgericht, das man am liebsten für jemanden kocht, den man gern hat und dem es nicht gut geht. Kein Wunder also, dass es die fürsorgliche Yoriko perfekt beherrscht!

✥ Die Möhren schälen und in grobe, gleich große Stücke schneiden. Die Zwiebeln schälen und vierteln. Die Kartoffeln schälen und halbieren. Die Erbsen waschen.

✥ Leicht gesalzenes Wasser in einem Topf zum Kochen bringen und die Shirataki-Nudeln darin 3 Minuten kochen. Dann abgießen.

✥ Das Fleisch in dünne Streifen schneiden.

✥ Einen guten Schuss Sesamöl in einem Schmortopf auf mittlere Temperatur erhitzen. Das Fleisch hineingeben und leicht würzen. 2 Minuten anbraten und dann die Zwiebeln, Karotten und Kartoffeln hinzufügen. Noch weitere 2 Minuten braten und dann die Sojasauce, den Mirin, den Sake und den Zucker dazugeben und alles gut vermischen. Die Nudeln zu einem Strang legen, vierteln und in den Schmortopf geben. Anschließend die Dashi-Brühe dazugießen.

✥ Die Temperatur auf niedrige Stufe herunterschalten und alles zugedeckt 30 Minuten köcheln lassen. Dann die Erbsen hinzufügen und weitere 10 Minuten kochen. Nach Belieben im Topf servieren.

MY HERO ACADEMIA

SCHWIERIGKEITSGRAD: ✦
Für 1 Katsudon
Zubereitung: 15 Min.
Ruhezeit: 30 Min.
Kochzeit: 30 Min.

KATSUDON VON MAMA

PANIERTES SCHWEINEKOTELETT MIT RÜHREI IN SAUCE UND SUSHI-REIS

ZUTATEN

100 g Sushi-Reis

FÜR DAS TONKATSU
1 Schweinekotelett ohne Knochen (alternativ 1 kleines Schnitzel)
Salz, Pfeffer
1 Ei (Größe M)
1 Eigelb
Semmelbrösel (alternativ Panko)
Bratöl

FÜR DIE SAUCE UND DAS RÜHREI
1 Frühlingszwiebel
Sonnenblumenöl
1 EL Sojasauce
1 TL Reis- oder Apfelessig
1 TL Ketchup
1 Ei (Größe M)

Trotz intensiven Trainings fällt es Izuku lange Zeit sehr schwer, One for All zu nutzen, ohne sich dabei zu verletzen. Trotzdem muss er die Nerven behalten und lernen, diese Kraft zu beherrschen. Neben hartem Training und eisernem Willen hilft dabei auch ein heißes Katsudon, wie Mama es immer macht!

✥ Zunächst den Sushi-Reis zubereiten. Wichtig ist, dass er mehrfach abgewaschen wird. Den Reis in eine Schüssel geben und kaltes Wasser dazugießen. Den Reis durchkneten, zwischen den Fingern reiben, das Wasser abgießen und den Vorgang wiederholen, bis das Wasser schön klar bleibt. Dann den Reis mit frischem Wasser bedecken und 30 Minuten bei Zimmertemperatur ruhen lassen.

✥ Anschließend abgießen und in einen Topf geben. 100 ml Wasser hinzufügen, den Topfdeckel auflegen und das Wasser bei mittlerer Temperatur zum Kochen bringen. Den Reis 10 Minuten zugedeckt kochen, dann den Topf vom Herd nehmen und den Reis noch 10 Minuten darin ruhen lassen.

✥ Für das Fleisch die Ränder des Koteletts alle 2 cm ca. 1 cm tief einschneiden. Dann mit einer Teigrolle flach klopfen. Mit je 1 kräftigen Prise Salz und Pfeffer bestreuen.

✥ Das Ei und das Eigelb in einen tiefen Teller geben und mit einer Gabel aufschlagen. Die Semmelbrösel in einen zweiten tiefen Teller geben. Das Fleisch zuerst in das verquirlte Ei tauchen, dann in den Semmelbröseln wälzen, bis es ganz damit bedeckt ist.

✥ Das Bratöl in einem Topf auf 180 °C erhitzen. Das Fleisch hineinlegen und 2 Minuten braten. Wenden und noch weitere 2 Minuten braten. Mit einer Zange herausnehmen und auf Küchenpapier legen. Anschließend an den Einschnitten entlang in Streifen schneiden. Zur Seite stellen.

✥ Für die Sauce und das Rührei die Frühlingszwiebel waschen und putzen. Die grünen Abschnitte in feine Streifen schneiden, die weißen in Ringe. Etwas Sonnenblumenöl in einer kleinen Pfanne auf mittlere Temperatur erhitzen. Die Sojasauce, den Essig und den Ketchup hineingeben und gut verrühren. Anschließend die Zwiebelringe 2 Minuten darin dünsten, dann auf das panierte Kotelett legen. Das Ei in einer Schale leicht verquirlen und über das panierte Kotelett gießen. Einen Topfdeckel auflegen. Noch eine knappe Minute weiter garen, dann die Pfanne vom Herd nehmen.

✥ Den heißen Reis auf einen tiefen Teller geben und das panierte Kotelett mit dem Rührei und der Sauce darauflegen. Zum Schluss mit den grünen Abschnitten der Frühlingszwiebel garnieren.

SEVEN DEADLY SINS

SCHWIERIGKEITSGRAD: ✦ ✦
Für 4 Personen
Zubereitung: 30 Min.
Backzeit: 35 Min.

FLEISCH-PASTETE Á LA BOAR HAT

KALBFLEISCHPASTETE MIT GEMÜSE

ZUTATEN

2 Möhren
1 mehligkochende Kartoffel
3 EL Erbsen
Salz
1 Zwiebel
80 g Räucherspeck
250 g Rinderhackfleisch
250 g Schweinehackfleisch
1 Ei (Größe M)
1 TL Knoblauchpulver
1 TL gemahlener Thymian
½ TL Pfefferkörner
2 EL Mehl
1 EL Olivenöl
1½ EL Butter, plus etwas mehr zum Einfetten
250 ml Rinderbrühe (siehe Seite 111)
1 TL Maisstärke
2 Rollen küchenfertiger Mürbeteig
1 Eigelb

Der Wildschweinhut, das fahrende Gasthaus von Meliodas, ist zwar für die hervorragende Qualität seiner Getränke berühmt, aber ebenso für die Gerichte, die aus seiner Küche kommen, gefürchtet. Vor allem die scheußlichen Fleischpasteten haben es in sich. Vielleicht kannst du ihm dieses Rezept bei Gelegenheit ja verraten.

✣ Zunächst das Gemüse vorbereiten und die Möhren und Kartoffel schälen und in Würfel schneiden. Die Erbsen waschen. Salzwasser in einem Topf zum Kochen bringen und das Gemüse darin 15 Minuten kochen. Dann abgießen und zur Seite stellen.

✣ Währenddessen die Zwiebel schälen und in feine Streifen schneiden. Den Räucherspeck würfeln. Das Hackfleisch in eine Schüssel geben. Zunächst das ganze Ei, dann das Knoblauchpulver, den Thymian, 1 TL Salz und den Pfeffer hinzufügen und alles zu einer glatten Kugel verarbeiten. Mit Mehl bestäuben, sodass sie ganz davon bedeckt ist.

✣ Einen Topf auf mittlere Temperatur erhitzen. Das Olivenöl und ½ EL Butter hineingeben und erhitzen. Wenn die Butter geschmolzen ist, die Zwiebeln darin 5 Minuten dünsten, bis sie goldgelb sind. Die Speckwürfel hinzufügen und 5 Minuten mitbraten.

✣ Dann die mit Mehl bestäubte Hackfleischkugel hineingeben und leicht andrücken, sodass sie den Boden des Topfes vollständig bedeckt. 2 Minuten braten und dann wenden. Noch 2 weitere Minuten braten, anschließend das Fleisch mit einem Holzlöffel in kleine Stücke teilen. Die Rinderbrühe angießen und mit 1 EL Mehl bestäuben. Alles sorgfältig vermischen und noch 5 Minuten garen.

✣ Den Backofen auf 180 °C (Ober-/Unterhitze) vorheizen.

✣ Das Fleisch mit einem Schaumlöffel aus dem Topf nehmen und in eine Schüssel geben. Die Kartoffeln und Karotten sowie die Erbsen hinzufügen. Den Bratensaft für die Sauce aufbewahren.

✣ Bei mittlerer Temperatur 10 Minuten erhitzen, dann die restliche Butter hinzufügen. Diese schmelzen lassen, mit der Maisstärke bestäuben und alles gut vermischen. Die Temperatur auf niedrige Stufe herunterschalten und die Sauce köcheln lassen. Währenddessen die Pastete zubereiten.

✣ Eine Pastetenform gründlich mit Butter einfetten. Dann mit einer Rolle Mürbeteig auslegen und den Teig fest andrücken. Die Fleisch-Gemüse-Masse darin verteilen. Mit 4 EL Bratensaft begießen und mit der zweiten Rolle Mürbeteig abdecken. Die Teigränder aneinanderdrücken und so die Pastete fest verschließen. Mit einem Messer oder Ausstecher ein Loch von 2 cm Durchmesser in die Mitte stechen, durch das während des Backens der Dampf entweichen kann. Nach Belieben mit einer Gabel oder einer Messerspitze den Teig mit einem Muster verzieren.

✣ Das Eigelb mit 2 EL Wasser verquirlen und die Pastete mit einem Backpinsel damit bestreichen. Dann 35–40 Minuten im heißen Ofen (Mitte) backen. Vor dem Servieren am besten abkühlen lassen.

FOODWARS!

SCHWIERIGKEITSGRAD: ✦
Für 4 Personen
Zubereitung: 40 Min.
Ruhezeit: 15 Min.
Zubereitung: 35 Min.

ZUTATEN

FÜR DEN BRATEN
8 mehligkochende Kartoffeln
6 große Shiitake (alternativ braune Champignons)
1 Zwiebel
Salz, Pfeffer, Muskatnuss
Olivenöl
Butter
100 ml Milch
ein paar Zweige frischer Rosmarin
16 Scheiben Räucherspeck

FÜR DIE ROTWEINSAUCE
1 Schalotte
20 g Butter
450 ml Rotwein
50 ml Sake zum Kochen
200 ml Kalbsfond
½ TL Maisstärke

DER UNNACHAHMLICHE BRATEN, AUF GANZ NEUE ART

HAUSGEMACHTER FALSCHER SCHWEINEBRATEN

Aus einfachen Resten zaubert Soma eine Umami-Bombe, die jedes Fleischgericht in den Schatten stellt. Nicht umsonst ist das Restaurant Yukihira für seine bodenständige und köstliche Küche in der ganzen Nachbarschaft bekannt!

✣ Zunächst die Kartoffeln schälen, in grobe Würfel schneiden und in eine Schüssel mit Wasser legen.

✣ Die Pilze mit leicht angefeuchtetem Küchenpapier vorsichtig reinigen und fein hacken. Die Zwiebel schälen und fein hacken. Die Zwiebel und die Pilze zur Seite stellen.

✣ Die Kartoffeln in einen Topf mit Salzwasser oder in einen Schnellkochtopf geben. Das Wasser zum Kochen bringen und 20 Minuten kochen.

✣ Währenddessen einen Schuss Olivenöl in einer Pfanne auf mittlere Temperatur erhitzen. Die gehackte Zwiebel und ein walnussgroßes Stück Butter hineingeben. Bei mittlerer Temperatur die Zwiebel 5 Minuten dünsten, dann die Pilze dazugeben. Noch 5 Minuten dünsten, dann das Wasser, das aus den Pilzen austritt, abgießen. Leicht salzen und noch 10 Minuten bei niedriger Temperatur dünsten. Dann die Pfanne vom Herd nehmen.

✣ Wenn die Kartoffeln gar sind, abgießen und in eine Schüssel geben. Nach Belieben mit Salz, Pfeffer und Muskatnuss würzen und die Milch sowie 20 g Butter dazugeben. Mit einer Gabel oder einem Kartoffelstampfer die Kartoffeln zu einer cremigen Masse zerkleinern; sie sollte aber noch ein paar Stückchen enthalten. Anschließend die Zwiebeln und Pilze untermengen. Die Masse in Frischhaltefolie wickeln und für 15 Minuten in den Kühlschrank legen. Währenddessen den Backofen auf 180 °C (Ober-/Unterhitze) vorheizen.

✣ Nach 15 Minuten die Kartoffelmasse aus dem Kühlschrank nehmen. Zu einem Braten formen und mit ein paar Zweigen Rosmarin belegen. Dann gleichmäßig mit den Speckscheiben umwickeln. Diese mit Bratschnur befestigen, den Braten auf einen ofenfesten Teller legen und 35 Minuten im heißen Ofen (Mitte) backen.

✣ Währenddessen die Rotweinsauce zubereiten. Dafür die Schalotte schälen und hacken. Einen Topf auf mittlere Temperatur erwärmen, die Butter hineingeben und schmelzen lassen. Die gehackte Schalotte hinzufügen und 2 Minuten dünsten. Dann mit Rotwein und Sake ablöschen. Zum Kochen bringen und die Mischung flambieren. Den Kalbsfond und die Maisstärke hinzufügen und etwa 15 Minuten einkochen, bis er dicklich und sirupartig ist.

✣ Diesen „Braten" auf eine Platte legen, die Schnur entfernen und mit der Sauce begießen. *Itadakimasu* !

COWBOY BEBOP

SCHWIERIGKEITSGRAD: ✦
Für 4 Personen
Zubereitung: 20 Min.
Ruhezeit: 1 Std.
Kochzeit: 10–15 Min.

ZUTATEN

400 ml Sojasauce
200 ml Sake
200 ml dunkles Sesamöl
1 TL geschrotete Pfefferkörner
600 g Rindersteak
(alternativ Merlansteak)
4 grüne Paprika
2 Zwiebeln
1 Knoblauchzehe
10 g frischer Ingwer

MATERIAL

Wok

JET BEEF

CHINJAO ROSU – GEBRATENES RINDFLEISCH MIT GEMÜSE

Während Spike auf eigene Faust trainiert, nutzt Jet Black die Gelegenheit, um eines von Spikes Lieblingsgerichten zu kochen. Im Gegensatz zu ihm hast du hoffentlich auch Rindfleisch vorrätig.

✣ Zunächst das Fleisch und die Marinade zubereiten. Dafür 200 ml Sojasauce, 100 ml Sake und 50 ml dunkles Sesamöl in eine Schüssel gießen. Den Pfeffer grob im Mörser zerstoßen und hinzufügen.

✣ Das Fleisch in feine Streifen schneiden und diese in die Marinade legen. Gut vermengen, damit es vollständig bedeckt ist. Für 1 Stunde in den Kühlschrank legen.

✣ Kurz vor Ablauf der Zeit das Gemüse vorbereiten und die Paprika halbieren, waschen, putzen und in Streifen schneiden. Die Zwiebeln schälen und in Streifen schneiden. Den Knoblauch und Ingwer schälen und klein hacken.

✣ 50 ml dunkles Sesamöl in den Wok gießen und bei mittlerer Temperatur erhitzen. Dann das Gemüse, den Knoblauch und den Ingwer hineingeben und 5 Minuten anbraten. Es soll aber noch knackig bleiben. Herausnehmen und einen Schuss dunkles Sesamöl in den Wok geben.

✣ Kurz erhitzen und die marinierten Fleischstreifen hineingeben. Diese ganz nach Geschmack 2–5 Minuten braten, dann das Gemüse wieder dazugeben. Mit der restlichen Sojasauce, dem Sake und dem Sesamöl würzen.

✣ Noch 2 Minuten braten, dabei mit Stäbchen oder einem Holzspatel rühren. Schön heiß servieren.

DESSERTS

&

GETRÄNKE

SUI
KI
KU
AN

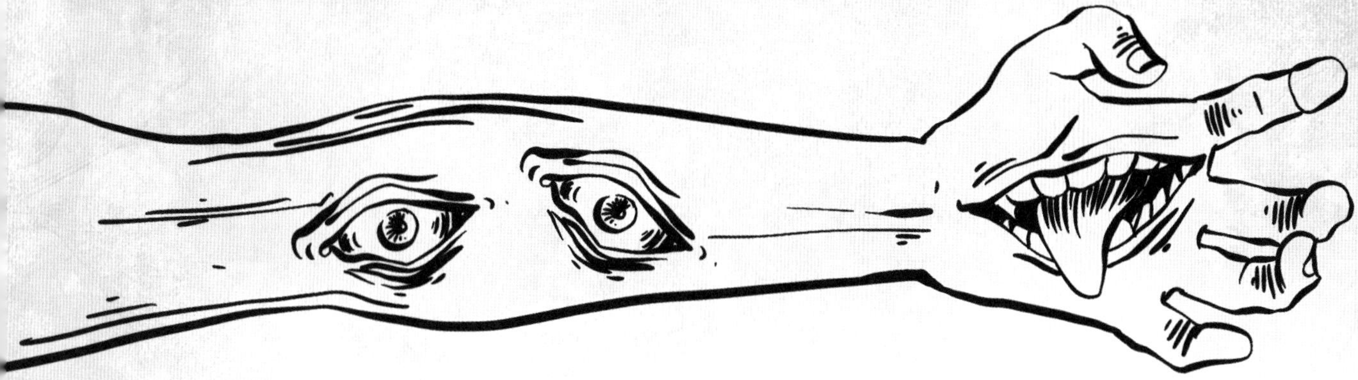

JUJUTSU KAISEN

SCHWIERIGKEITSGRAD: ✦ ✦ ✦
Für 10 Mochi
Zubereitung: 45 Min.
Kochzeit: 15 Min.
Ruhezeit: 40 Min.

KIKUFUKU-MOCHI VON GOJO

SÜSSE EDAMAME-MOCHI

ZUTATEN

FÜR DIE EDAMAME-CREME
200 g Edamame
2 l kohlensäurehaltiges Mineralwasser
30 g Zucker
4 g Salz

FÜR DIE SAHNE
250 g Schlagsahne
20 g Puderzucker

FÜR DEN MOCHI-TEIG
120 g Shiratamako (Klebreismehl)
100 g Zucker
Maisstärke

An seine Begegnung mit Satoru Gojo wird sich Yuji immer erinnern: Er hatte gerade Sukunas ersten Finger verspeist, der nebenbei bemerkt ziemlich übel schmeckte. Die Tokyo Jujutsu High hatte Gojo geschickt, um diese Bedrohung unter Kontrolle zu bringen. Bei sich trug er eine Tüte voller Kikufuku, die er sich unterwegs gekauft hatte, damit es etwas zu knabbern gibt.

✢ Zunächst die Creme zubereiten und dafür die Edamame enthülsen. Das Mineralwasser zum Kochen bringen, die Bohnen hineingeben und 10 Minuten kochen. Währenddessen eine große Schüssel mit Eiswasser bereitstellen. Die Bohnen nach dem Kochen in das Eiswasser geben und dann die Haut ablösen.

✢ Anschließend in einem Mixer oder mit dem Pürierstab pürieren. Dabei 1–2 EL Wasser dazugeben, damit die Masse schön glatt wird. Diese mit dem Zucker und Salz in einen Topf geben, alles gut vermischen und bei mittlerer Temperatur 5 Minuten unter ständigem Rühren erhitzen, bis das Wasser verdampft ist. Dann in eine große Schüssel umfüllen. 15 Minuten abkühlen lassen, anschließend mit Frischhaltefolie abdecken und für 15 Minuten in den Kühlschrank stellen.

✢ Währenddessen die Sahne kräftig aufschlagen, bis sie beginnt, steif zu werden. Den Puderzucker hinzufügen und weiter schlagen, bis die Sahne steif ist. In einen Spritzbeutel füllen und in den Kühlschrank legen.

✢ Die Edamame-Creme in Eiswürfelformen aus Silikon füllen und jeweils eine leichte Vertiefung hineindrücken. Diese mit der steif geschlagenen Sahne füllen und mit der restlichen Creme bedecken. Mit Frischhaltefolie abdecken und zunächst für 10 Minuten in das Gefrierfach, anschließend noch weitere 10 Minuten in den Kühlschrank legen.

✢ Währenddessen für den Teig das Mehl und den Zucker in eine mikrowellengeeignete Schüssel geben. Beides vermischen und dabei 240 ml Wasser dazugießen. Die Schüssel mit Frischhaltefolie abdecken und für 90 Sekunden bei 850 Watt in die Mikrowelle stellen, dann schnell umrühren und die Folie wieder auflegen. Den Vorgang noch 2 mal wiederholen, bis der Teig glatt und sehr klebrig ist.

✢ Maisstärke auf einen Teller geben und den Mochi-Teig darauflegen. Leicht mit Stärke bestäuben, damit er nicht zu sehr klebt, und mit der Teigrolle 2–3 mm dick ausrollen. Dann mit einem runden Keksausstecher Kreise daraus ausstechen und diese leicht befeuchten.

✢ Die „Edamame-Bonbons" aus den Formen lösen und jeweils mittig auf die Teigkreise setzen. Den Teig oben verschließen und zügig in den Handflächen zu einer hübschen Kugel formen. Fertig sind die Kikufuku!

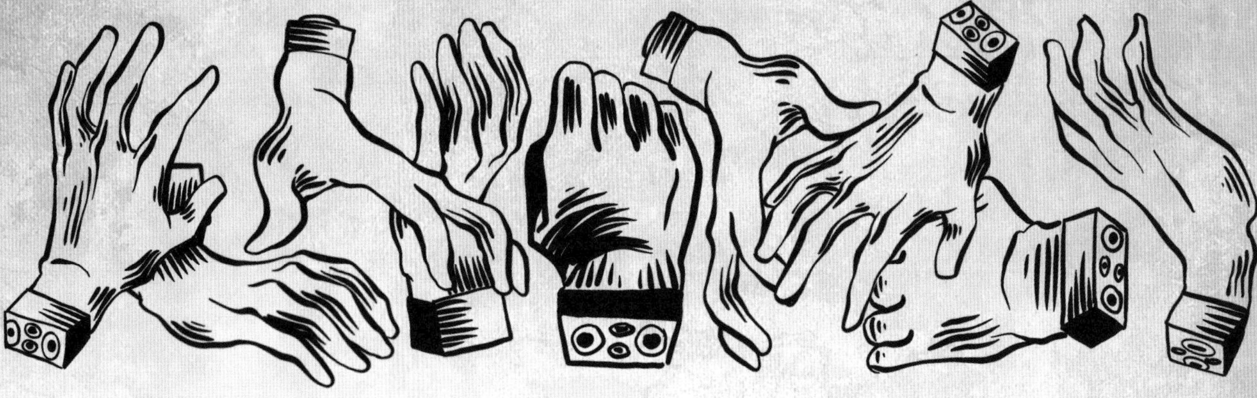

MY HERO ACADEMIA

SCHWIERIGKEITSGRAD: ✦✦
Für 4 Taiyaki
Zubereitung: 10 Min.
Ruhezeit: 1 Std.
Backzeit: 5 Min.

TAIYAKI FÜR GRAN TORINO

WAFFELN IN FISCHFORM

ZUTATEN

25 g Zucker
10 g Vanillezucker
2 Eier (Größe M)
150 g Mehl (Type 550)
½ Pck. Backpulver
Salz
150 ml Milch
20 ml neutrales Pflanzenöl
120 g Anko-Paste (siehe Seite 116)

MATERIAL

Taiyaki-Form

Taiyaki sind das Lieblingsgebäck von Gran Torino! Der alte Mann schwelgt beim Essen gerne in Erinnerungen: Hier erfährst du das traditionelle Rezept für Taiyaki, die man nur heiß genießt (also nicht lauwarm und erst recht nicht aus der Mikrowelle).

✤ Für den Teig den Zucker und Vanillezucker mit den Eiern in eine Schüssel geben. Kräftig zu einer hellen Masse aufschlagen, dann das Mehl, das Backpulver und 1 Prise Salz unterrühren. Unter ständigem Rühren die Milch und das Öl hinzufügen, sodass ein glatter Teig entsteht. Diesen 1 Stunde ruhen lassen.

✤ Anschließend die Taiyaki-Form bei hoher Temperatur erwärmen, dann die Temperatur herunterschalten. Eine kleine Kelle Teig hineingeben und 1 TL Anko-Paste mittig daraufgeben. Mit Teig bedecken und die Form schließen.

✤ 60–90 Sekunden backen, dann die Form umdrehen (diese dabei fest zusammendrücken, ohne sich zu verbrennen). Nochmals 60–90 Sekunden backen, dann die Taiyaki aus der Form nehmen und auf ein Kuchengitter legen.

✤ Den Vorgang wiederholen, bis alle Zutaten aufgebraucht sind.

✤ Die Taiyaki schön heiß servieren und gleich weiter üben, denn durch Herumstehen bekommst du One for All nicht hin!

FAIRY TAIL

SCHWIERIGKEITSGRAD: ✦
Für 4 Personen
Zubereitung: 20 Min.
Backzeit: 30 Min.

FANTASIA CAKE

BISKUITTORTE MIT VANILLESAHNE UND FRISCHEN ERDBEEREN

ZUTATEN

FÜR DEN BISKUIT
4 Eier (Größe M)
125 g Zucker
30 g Butter, plus etwas mehr zum Einfetten
125 g Mehl (Type 405)

FÜR DIE SAHNE
1 kg gut gekühlte Schlagsahne
1 TL Vanilleextrakt
100 g Puderzucker

ZUM ZUSAMMENSETZEN
300 g frische Erdbeeren
Schale von 1 Bio-Limette

Erza in einem normalen Kampf gegenüberzustehen, ist für die meisten schon furchterregend genug. In wirklicher Gefahr schweben aber diejenigen, die sich zwischen sie und ein Stück Fantasia-Torte stellen.

✥ Den Backofen auf 180 °C (Ober-/Unterhitze) vorheizen. Eine Rührschüssel und die Schneebesen des Handrührgeräts in den Kühlschrank legen.

✥ Für den Biskuit die Eier mit dem Zucker in einer anderen Rührschüssel oder in der Küchenmaschine 10 Minuten kräftig aufschlagen, bis die Masse hell ist und sich ihr Volumen verdoppelt hat.

✥ Die Butter in der Mikrowelle oder in einem Topf bei niedriger Temperatur zerlassen und zur Seite stellen. Mit einem Spatel das Mehl vorsichtig unter die Eiermasse heben; sie sollte dabei noch luftig bleiben. Dann auf dieselbe Weise die Butter unterziehen.

✥ Eine runde Springform mit Butter einfetten und den Teig einfüllen. 25–30 Minuten im heißen Ofen backen. Anschließend den Biskuit abkühlen lassen.

✥ Die Rührschüssel aus dem Kühlschrank nehmen und die Sahne und den Vanilleextrakt hineingeben. Mit den gekühlten Rührstäben des Handrührgeräts etwa 3 Minuten kräftig schlagen, bis die Sahne anfängt, steif zu werden. Den Puderzucker unterrühren. Wenn die Sahne steif ist, in einen Spritzbeutel füllen und kurz zur Seite stellen.

✥ Die Erdbeeren unter fließendem Wasser abwaschen, mit Küchenpapier trocken tupfen und entstielen.

✥ Den Biskuit aus der Form lösen und quer durchschneiden. Eine Hälfte mit Vanillesahne bespritzen und mit Erdbeeren belegen. Die andere Hälfte daraufsetzen und ebenfalls mit Sahne und Erdbeeren garnieren. Zum Schluss mit der Limettenschale bestreuen, alternativ kannst du auch Kakao verwenden.

FANTASIA
4500J

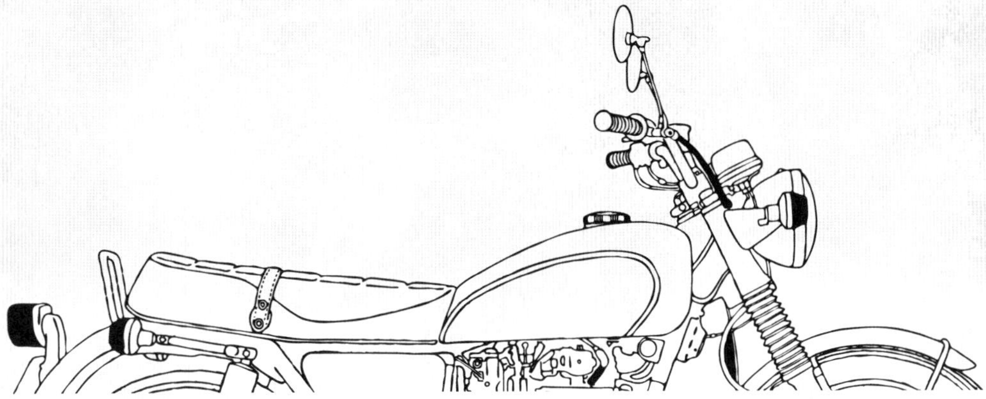

TOKYO REVENGERS

SCHWIERIGKEITSGRAD: ✦
Für 4 Personen
Zubereitung: 20 Min.
Backzeit: 10 Min.

DORAYAKI FÜR MIKEY

JAPANISCHE PFANNKUCHEN MIT ERDNUSSBUTTER UND SESAMSAHNE

ZUTATEN

FÜR DEN DORAYAKI-TEIG
3 Eier (Größe M)
120 g Zucker
1 EL Honig
140 g Mehl (Type 405)
11 g Backpulver
Natron
1 TL neutrales Pflanzenöl, plus etwas mehr zum Braten

FÜR DIE ERDNUSSBUTTER MIT CRUNCH
120 g Erdnusskerne
1 TL neutrales Pflanzenöl
1 TL Honig

FÜR DIE SESAMSAHNE
150 g gut gekühlte Schlagsahne
10 g Puderzucker
1 EL schwarze Sesampaste
1 gestrichener TL Aktivkohlepulver zum Backen

MATERIAL

Standmixer
Handrührgerät
Spritzbeutel

Bei Manjiro Sano weiß man nie, was man erwarten darf, denn er ist immer für eine Überraschung gut! Sicher ist aber, dass er Dorayaki über alles liebt. Dieses Rezept stellt eine andere Variante vor, die auch Mikey sicher schmecken würde.

✤ Für den Teig die Eier in eine Schüssel geben und den Zucker und Honig hinzufügen. Mit einem Schneebesen kräftig aufschlagen. Mehl, Backpulver und 1 Prise Natron hinzufügen und alles zu einem glatten Teig verrühren. Dann das Öl untermengen. Die Schüssel mit Frischhaltefolie abdecken und für 15 Minuten in den Kühlschrank stellen.

✤ Für die Erdnussbutter eine Pfanne auf mittlere Temperatur erwärmen und 100 g Erdnüsse darin 1–2 Minuten rösten, dann in einen Standmixer geben. Zunächst 30 Sekunden zu Pulver zerkleinern, dann 4–5 Minuten pürieren. Dabei ändert sich ihre Konsistenz von Pulver zu einer dicklichen und krümeligen Paste bis hin zu einer glatten Masse. Die restlichen 20 g Erdnüsse hacken und mit dem Öl und Honig hinzufügen. Alles mit einem Holzlöffel verrühren und zur Seite stellen.

✤ Die Sahne kräftig aufschlagen (von Hand oder mit einem Handrührgerät), bis sie steif zu werden beginnt. Dann den Puderzucker, die Sesampaste und das Kohlepulver hinzufügen und noch 1 Minute kräftig weiterschlagen. Die Sahne in einen Spritzbeutel füllen und bis zur Verwendung in den Kühlschrank legen.

✤ Eine Pfanne auf mittlere Temperatur erhitzen und mithilfe eines Küchenpapiers mit Öl einfetten. Mit einer Kelle mehrere Kreise des Dorayaki-Teigs hineingeben. Wenn sich auf der Teigoberfläche kleine Bläschen bilden, die Teigkreise wenden und noch 1–2 Minuten weiter backen. Auf diese Weise eine gerade Anzahl von Pfannkuchen zubereiten. Danach kurz abkühlen lassen.

✤ Dann jeweils 1 gehäuften TL Erdnussbutter daraufgeben und einen großen Klecks Sesamsahne mittig daraufspritzen. Mit einem anderen Pfannkuchen bedecken. Den Vorgang wiederholen, bis alle Zutaten aufgebraucht sind.

✤ Die Dorayaki gleich servieren.

Hinweis: Im Anime und Manga verzehrt Mikey Dorayaki mit Anko-Paste. Ich wollte dir hier einen mit einem anderen Geschmack zeigen. Wenn du dem Ursprung näherkommen möchtest, findest du mein Rezept für selbst gemachte Anko-Paste auf Seite 116.

FULLMETAL ALCHEMIST

SCHWIERIGKEITSGRAD: ✦ ✦
Für 4 Personen
Zubereitung: 30 Min.
Backzeit: 40 Min.

GRACIAS APFELKUCHEN

APFEL-RHABARBER-TARTE

ZUTATEN

400 g selbst gemachter Mürbeteig (siehe Seite 116, alternativ gekaufter)
50 g Butter
750 g Äpfel
Saft von 1 Zitrone
250 g Rhabarber
1 gestrichener TL Zimtpulver
50 g Zucker
2 EL Honig
1 Eigelb
etwas Rohrzucker

Gracia Hughes ist nicht nur eine begnadete Köchin, sondern auch eine ebenso gute Bäckerin. Kein Wunder also, dass ihr Apfelkuchen mit ganz oben auf der Liste mit Dingen steht, die Alphonse gerne essen möchte, wenn er erst seinen richtigen Körper zurückbekommt.

✠ Den Backofen auf 200 °C (Ober-/Unterhitze) vorheizen.

✠ Den Teig in zwei jeweils 3 mm dünne Scheiben ausrollen. Eine davon auf Backpapier in den Kühlschrank legen. Eine Tarteform mit 25 g Butter einfetten und mit der anderen Teigscheibe auslegen. Den Teigboden mit einer Gabel mehrmals einstechen und die Form dann in den Kühlschrank stellen.

✠ Die Äpfel schälen, vom Kerngehäuse befreien und in Würfel schneiden. Diese in eine große Schüssel geben und mit dem Zitronensaft beträufeln. Den Rhabarber schälen, ebenfalls in Würfel schneiden und zu den Äpfeln geben.

✠ Den Zimt, Zucker und Honig hinzufügen. Alles mit einem Holzlöffel sorgfältig vermischen. Dann kurz zur Seite stellen.

✠ Die Butter bei niedriger Temperatur in einem Topf oder in der Mikrowelle zerlassen. Über die Früchte gießen und sorgfältig unterrühren. Dann kurz zur Seite stellen.

✠ Die Tarteform aus dem Kühlschrank nehmen und die Apfel-Rhabarber-Masse darauf verteilen. Dann die zweite, gekühlte Teigscheibe darauflegen. Nach Belieben die Oberfläche nun verzieren.

✠ Dann die Tarte mit Eigelb bestreichen. Mit etwas Rohrzucker bestreuen und die Tarte 20 Minuten backen. Dann die Temperatur auf 180 °C herunterschalten und noch weitere 15 Minuten backen. Dabei darauf achten, dass der Kuchen nicht zu dunkel wird (eventuell mit Alufolie abdecken).

✠ Heiß servieren. Hast du nun Lust auf ein Stück Gemüsequiche?

YOUR NAME

SCHWIERIGKEITSGRAD: ✦
Für 4 Personen
Zubereitung: 30 Min.
Backzeit: 10 Min.

TRAUMHAFTE PANCAKES

LUFTIGE PANCAKES MIT MELONE, HEIDELBEEREN UND AHORNSIRUP

ZUTATEN

½ Honigmelone
2 Scheiben Ananas
100 g frische Heidelbeeren
8 Himbeeren
Pflanzenöl zum Braten
Butter
Puderzucker
Ahornsirup

FÜR DEN PANCAKE-TEIG
4 Eier (Größe M)
50 ml Vollmilch
2 EL Pflanzenöl
1 TL Vanilleextrakt
60 g Weizenmehl (Type 550)
2 Eiweiß
Salz
80 g Zucker

MATERIAL

Handrührgerät
Spritzbeutel

Als Mizuha zum ersten Mal in Tokio ist, weit entfernt von ihrer langweiligen Kleinstadt, will sie so viel wie möglich entdecken. Die Köstlichkeiten der Tokioter Cafés gehören auf jeden Fall dazu! Hier kannst du die traumhaften Pancakes für dein eigenes Food-Foto zubereiten!

✣ Zunächst die Früchte vorbereiten, mit denen die köstlichen Pancakes garniert werden. Die Melone schälen und in ungleichmäßige Stücke schneiden. Die Ananasscheiben ebenfalls in Stücke schneiden. Heidelbeeren und Himbeeren waschen und abtropfen lassen. Zur Seite stellen.

✣ Für den Pancake-Teig die Eier trennen und die Eigelbe in eine Schüssel geben. Die Milch, das Öl und den Vanilleextrakt hinzufügen und alles 4–5 Minuten zu einem dicklichen Teig verrühren. Das Mehl sieben und vorsichtig unterziehen. Kurz zur Seite stellen.

✣ Damit die Pancakes luftig-leicht werden, wird das Eiweiß separat zu Schnee geschlagen und dann untergehoben. Dafür alle Eiweiße in eine Schüssel geben, 1 Prise Salz hinzufügen und mit einem Handrührgerät steif schlagen. Den Zucker in drei Portionen untermischen und so lange weiterrühren, bis die Masse glänzt und fest ist.

✣ Dann 1 EL davon abnehmen und unter den Teig mischen. Anschließend den Rest vorsichtig in drei Portionen unterheben, ohne dass das Eiweiß bricht. Den Teig in einen Spritzbeutel füllen.

✣ Eine mit Pflanzenöl eingefettete Pfanne auf niedrige Temperatur erhitzen und Teig für einen Pancake hineinspritzen. Den Vorgang dreimal wiederholen und den Pfannenboden bedecken. Normalerweise rechnet man zwei Pancakes pro Person. Diese von beiden Seiten 3–4 Minuten bei niedriger Temperatur backen. Dann sofort anrichten und servieren, später sind sie nicht mehr so locker.

✣ Auf jeden Teller zwei Pancakes legen. Jeweils ein Stückchen Butter daraufgeben und dünn mit Puderzucker bestäuben. Die Früchte auf den Tellern verteilen und mit etwas Ahornsirup beträufeln. Gleich servieren. Dazu passt ein Milchkaffee mit Karamell.

RALENTI
VIDÉO
PHOTO
PORTRAIT

DETEKTIV CONAN

SCHWIERIGKEITSGRAD: ✦✦
Für 4 Personen
Zubereitung: 30 Min.
Ruhezeit: 2 Std.
Backzeit: 40 Min.

RANS GEDECKTE ZITRONENTARTE

TARTE MIT YUZU-CREME

ZUTATEN

FÜR DEN TEIG
500 g Mehl, plus etwas mehr für Arbeitsfläche und Form
150 g Puderzucker
Schale von 1 Bio-Limette
250 g Butter
1 Eigelb

FÜR DIE YUZU-CREME
1 Ei (Größe M)
2 Eigelbe
100 g Vergeoise-Zucker (alternativ brauner Zucker)
50 g Mehl (Type 405)
50 ml Vollmilch
3 EL Yuzusaft (alternativ Zitronensaft)
Schale von 1 Bio-Yuzu (alternativ von 1 Bio-Zitrone)

Der berühmte Zitronenkuchen seines alten Fußballteams zählt defintiv zu Shinichis liebsten Desserts. Ungeachtet der Umstände – selbstverständlich lässt sich der Schülerdetektiv wieder in einen Fall verwickeln – gelingt seiner Freundin Ran der Kuchen sogar auf Anhieb.

✣ Für den Teig das Mehl und den Puderzucker in eine Schüssel geben. Die Limettenschale hinzufügen. Die Butter würfeln und ebenfalls dazugeben. Alles mit den Fingerspitzen zu einem krümeligen Teig verkneten. 250 ml eiskaltes Wasser hinzufügen und alles zu einer glatten Kugel verarbeiten. In Frischhaltefolie wickeln und für mindestens 2 Stunden in den Kühlschrank legen.

✣ Währenddessen die Yuzu-Creme zubereiten und dafür das Ei und die Eigelbe in eine Schüssel geben. Den Vergeoise-Zucker hinzufügen und mit einem Schneebesen kräftig aufschlagen, bis eine weißliche Masse entsteht. Nach und nach das Mehl untermischen.

✣ In einem Topf 2 EL Wasser und die Milch erwärmen und leise köcheln lassen. Die Hälfte der heißen Milch mit einem Schneebesen unter den Teig rühren. Anschließen den Inhalt der Schüssel zur restlichen Milch in den Topf gießen und bei niedriger Stufe erwärmen. Bei sehr niedriger Temperatur dicklich einkochen, dabei ständig mit einem Holzlöffel rühren. Dann vom Herd nehmen und Saft und Schale der Yuzu oder Zitrone unterrühren.

✣ Den Backofen auf 180 °C (Ober-/Unterhitze) vorheizen. Den Teig aus dem Kühlschrank nehmen und auf eine mit Mehl bestäubte Arbeitsfläche legen. Mit einem Messer in zwei gleich große Teile schneiden. Diese zu zwei gleich großen Kreisen ausrollen.

✣ Eine Tarteform mit Mehl bestäuben und einen Teigkreis hineinlegen. Die Yuzu-Creme darauf verteilen und den zweiten Teigkreis drauflegen. Den Teig an den Rändern fest zusammendrücken. Das Eigelb verquirlen und den Teig damit bestreichen. Ein Loch in die Mitte stechen und den Kuchen dann im heißen Backofen (Mitte) 30–40 Minuten backen.

✣ Danach aus dem Ofen nehmen und vor dem Servieren auf Zimmertemperatur abkühlen lassen.

Itadakimasu !

DR. STONE

SCHWIERIGKEITSGRAD: ✦
Für 4 Personen
Zubereitung: 10 Min.
Kochzeit: 15 Min.

SENKUS COLA

AROMATISCHER KORIANDER-LIMETTEN-SIRUP MIT HONIG

ZUTATEN

2 cm frischer Ingwer
½ Bund Koriandergrün
2 Bio-Limetten
200 ml flüssiger Honig
1 EL Melasse (dunkler Zuckersirup)
1 l kalte Limonade (alternativ Tonic Water oder Sprudelwasser)

Seit Senku Ishigami von seiner Versteinerung befreit wurde, hat er sich mit seinen wissenschaftlichen Kenntnissen und Erfindungen die Anerkennung und Dankbarkeit seiner Kameraden verdient. Unter anderem mit dem Rezept für die Entsteinerungsflüssigkeit und mit einer Cola wie in der Steinzeit!

✥ Den Ingwer schälen und mit einem Messer sehr fein hacken. Den Koriander waschen und trocken schütteln. Beides zur Seite legen. Die Schale der Limetten abreiben, zur Seite stellen und die Limetten auspressen.

✥ Den flüssigen Honig, die Melasse, die Limettenschale und den -saft in einen Topf geben und vermischen. Bei mittlerer Temperatur 5 Minuten erhitzen, dann den Ingwer und Koriander hinzufügen. Einmal aufkochen, die Temperatur auf niedrige Stufe herunterschalten und 10 Minuten leise köcheln lassen.

✥ Die Flüssigkeit durch einen Filter abgießen und fertig ist der Sirup für Senkus Cola. Sie hält sich 1 Woche im Kühlschrank.

✥ Zum Servieren 1 EL Sirup in ein Glas geben und nach Belieben mit Limonade, Tonic Water oder Sprudelwasser aufgießen.

Cola

TIPPS

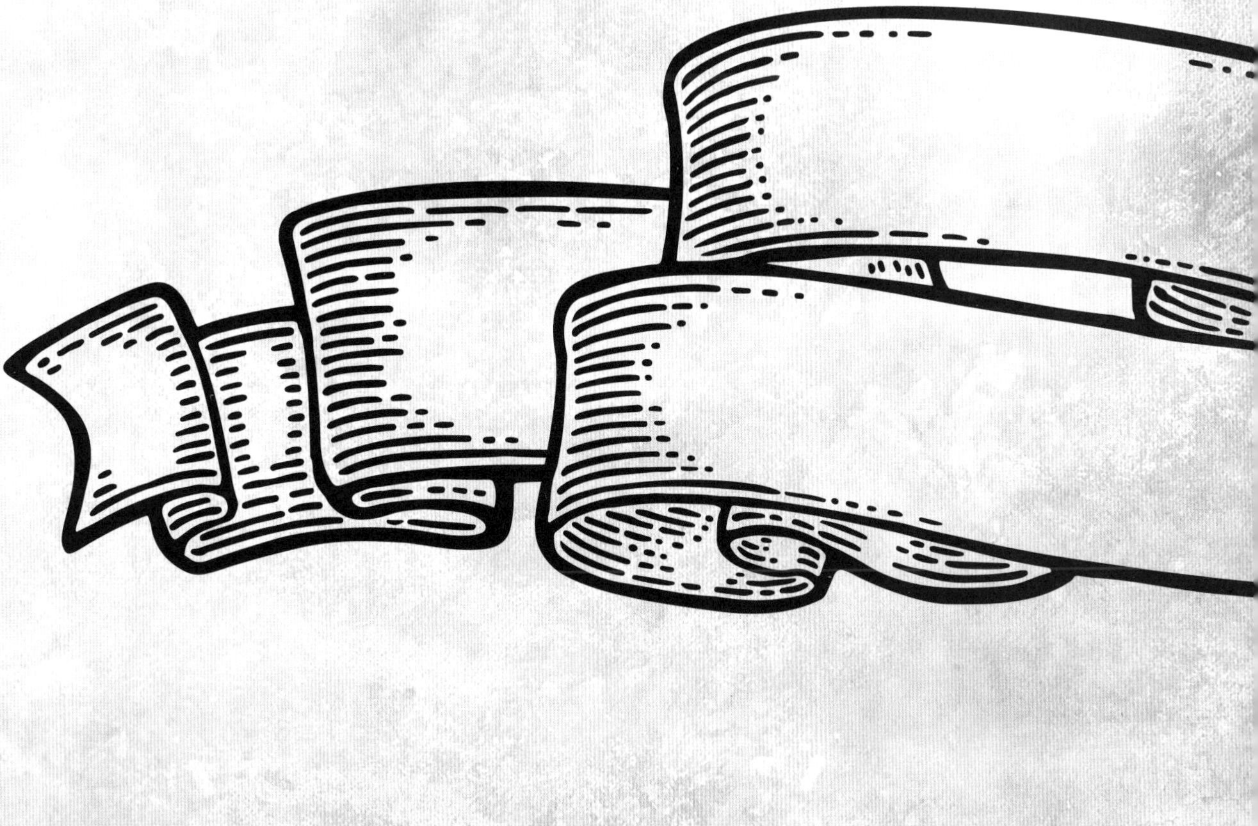

Tipps
Brühen

DASHI-BRÜHE AUS GETROCKNETEN BONITOFLOCKEN (KATSUOBUSHI-DASHI)

Zubereitung: 5 Min.
Kochzeit: 15 Min.
Ruhezeit: 35 Min.

ZUTATEN

10 g Kombu-Algen
2 l Quellwasser
(oder aus dem Wasserhahn)
40 g Katsuobushi
(getrocknete Bonitoflocken)

• Die Algenstücke in einen großen Topf geben und das Wasser hinzufügen. Aufkochen lassen und die Bonitoflocken hinzufügen. Wieder zum Kochen bringen und dann den Topf vom Herd nehmen.

• Zugedeckt 35 Minuten ziehen lassen, dann durch einen Filter abgießen. Fertig!

VEGANE DASHI-BRÜHE

Zubereitung: 5 Min.
Kochzeit: 15 Min.
Ruhezeit: 35 Min.

ZUTATEN

10 g Kombu-Algen
4 getrocknete Shiitake
2 l Quellwasser
(oder aus dem Wasserhahn)
1 EL vegane Sojasauce

• Die Algenstücke und die getrockneten Pilze in einen großen Topf geben, das Wasser und die Sojasauce hinzufügen. Aufkochen lassen und dann den Topf vom Herd nehmen.

• Zugedeckt 35 Minuten ziehen lassen, dann durch einen Filter abgießen. Fertig!

RINDERBRÜHE

Zubereitung: 10 Min.
Ruhezeit: 1 Std.
Kochzeit: 4 Std. 30 Min.

ZUTATEN

1 kg Beinfleisch vom Rind
2 l kohlensäurehaltiges Mineralwasser
1 große Zwiebel
2 Möhren
1 Stange Lauch
3 EL Traubenkernöl
Salz
2 getrocknete Shiitake
1 Kräutersträußchen
1 Gewürznelke
25 g grobes Salz
ein paar Pfefferkörner
3 l Quellwasser (oder aus dem Wasserhahn)

• Das Fleisch 1 Stunde vor dem Kochen vorbereiten. Dafür in kleine Würfel schneiden, die Knochen aufbewahren. Alles in eine Schüssel legen und mit Sprudelwasser bedecken; so wird dem Fleisch ein Teil des Bluts und der Unreinheiten entzogen. In den Kühlschrank stellen.

• Die Würzzutaten zubereiten. Die Zwiebel und Möhren schälen und in kleine Stücke schneiden. Den Lauch waschen, trocknen, die welken Teile entfernen. Die grünen und weißen Abschnitte in Scheiben schneiden. Zur Seite stellen.

• Das Traubenkernöl in einen gusseisernen Topf geben und auf mittlere Temperatur erhitzen. Das Gemüse hineingeben und 5 Minuten unter regelmäßigem Rühren dünsten. Anschließend aus dem Topf nehmen.

• Die Temperatur hochschalten. Das Fleisch aus dem Wasser nehmen, trocken tupfen und rundum mit Salz einreiben. Dann die Fleischwürfel und die Knochen in den Bräter geben. 10 Minuten braun anbraten, dabei mit einem Holzlöffel rühren, dann das Würzgemüse wieder hinzufügen. Die Pilze und das Kräutersträußchen sowie die Gewürznelke, das grobe Salz und den Pfeffer dazugeben. Sofort mit dem Quellwasser ablöschen und mithilfe eines Holzspatels die Bratenrückstände vom Topfboden lösen.

• Zum Kochen bringen. Dann leise 4 Stunden köcheln lassen, dabei regelmäßig Schaum abschöpfen.

• Zum Schluss den Topfinhalt durch ein feines Sieb abseihen, um das Beste herauszufiltern. Fertig!

Tipp: Für eine Bratensauce diese Brühe bei hoher Temperatur einkochen. Dabei den Topfinhalt nach und nach in immer kleinere Töpfe umfüllen, wenn die Brühe einkocht, damit sie konzentriert wird.

HELLER HÜHNERFOND

Zubereitung: 20 Min.
Kochzeit: 4 Std. 15 Min.

ZUTATEN

2 kg Hähnchenkarkasse
100 ml Traubenkernöl
50 g Butter
1 Knoblauchzehe
2 Schalotten
1 Kräutersträußchen (Thymian und Lorbeer in ein grünes Lauchblatt wickeln)
1 Zweig Rosmarin
2 Wacholderbeeren
zerstoßene Pfefferkörner

• Die Karkasse grob zerkleinern und in einem ofenfesten Topf mit dem Traubenkernöl und der Butter anrösten. Umrühren und bei mittlerer Temperatur rösten, bis sie hell wird. Dann vom Herd nehmen und zur Seite stellen.

• Den Backofen auf 150 °C (Ober-/Unterhitze) vorheizen. Mit einem kleinen Schaumlöffel das Fett aus dem Topf entfernen, den Bratensatz aber darin belassen. Den Knoblauch und die Schalotten schälen und in dem Bratensatz 5 Minuten bei mittlerer Temperatur dünsten. Vom Herd nehmen.

• 2 l Wasser dazugießen und das Kräutersträußchen hineinlegen, dann den Topf für 4 Stunden in den heißen Ofen (Mitte) stellen. 30 Minuten vor Ende der Garzeit den Rosmarinzweig, die Wacholderbeeren und 1 Prise zerstoßenen Pfeffer dazugeben und den Topf wieder in den Ofen schieben.

• Nach 4 Stunden den Topfinhalt filtern und den Fond auffangen.

GEMÜSEBRÜHE

Zubereitung: 5 Min.
Kochzeit: 2 Std.
Ruhezeit: 30 Min.

ZUTATEN

4 Möhren
1 Stange Lauch, den weißen Abschnitt
½ Stange Staudensellerie
1 Zwiebel
1 Schalotte
1 Kräutersträußchen (den grünen Abschnitt vom Lauch, 4 Stängel Petersilie, 1 Stück Fenchel, 1 Lorbeerblatt, 1 Zweig Thymian)
150 ml Weißwein
1 Sternanis
3 Kardamomkapseln

• Die Möhren würfeln. Den Lauch, den Sellerie und die Zwiebel putzen beziehungsweise schälen und anschließend in kleine Stücke schneiden. Die Schalotte schälen.

• Alle Zutaten und 2 l Wasser in einen Topf geben und 2 Stunden zugedeckt köcheln lassen.

• Dann vom Herd nehmen und 30 Minuten ruhen lassen, anschließend durch ein feines Sieb filtern.

FISCHBRÜHE

Zubereitung: 20 Min.
Kochzeit: 40 Min.

ZUTATEN

2 Zwiebeln
2 Stangen Lauch
1 Stange Staudensellerie
Traubenkernöl
50 g Butter
400 g Fischabfälle und -gräten (vom Fischhändler)
100 ml Mirin
1 Kräutersträußchen

• Die Zwiebeln schälen und fein hacken. Den Lauch und den Sellerie waschen und klein würfeln.

• Einen Schuss Öl und die Butter in einem Topf bei mittlerer Temperatur erhitzen. Wenn die Butter geschmolzen ist, die Fischabfälle und -gräten dazugeben. Alles 1 Minute dünsten, dann die Zwiebeln, den Lauch und den Sellerie dazugeben. Noch 1 Minute dünsten, dann den Mirin dazugießen. Gut vermischen und mit 1 l Wasser aufgießen. Das Kräutersträußchen hineinlegen, den Topfdeckel auflegen und bei niedriger Temperatur 35 Minuten kochen, dabei regelmäßig den Schaum abschöpfen.

• Zum Schluss den Topfinhalt filtern, sodass man eine klare Fischbrühe erhält.

Tipps Saucen

SELBST GEMACHTER KETCHUP

Für 1 kleine Flasche
Zubereitung: 10 Min.
Kochzeit: 30 Min.

ZUTATEN

1 Knoblauchzehe
1 rote Zwiebel
6 reife Tomaten
2 EL Olivenöl
gemahlener Kreuzkümmel
gemahlener Ingwer
2 EL Tomatenmark
20 g Rohrzucker
100 ml Rotweinessig
Salz, Pfeffer aus der Mühle

MATERIAL

Stabmixer

• Das Gemüse vorbereiten und den Knoblauch und die Zwiebeln schälen. Fein hacken und zur Seite stellen. Die Tomaten entstielen, häuten und in grobe Stücke schneiden. Zur Seite stellen.

• Das Olivenöl bei mittlerer Temperatur in einem Topf erhitzen. Den Knoblauch und die Zwiebel darin 3 Minuten andünsten. Mit je 2 Prisen gemahlenem Kreuzkümmel und Ingwer bestreuen und das Tomatenmark unterrühren. Alles mit einem Holzlöffel vermischen und die gehackten Tomaten dazugeben. Vermischen und den Zucker hinzufügen. Zum Kochen bringen, dann bei niedriger Temperatur zugedeckt 15 Minuten dicklich einkochen, anschließend ohne Deckel noch 10 Minuten. Den Essig untermischen und mit Salz und Pfeffer würzen.

• Zum Schluss mit einem Stabmixer 2 Minuten pürieren und dann durch ein feines Sieb streichen. Abkühlen lassen und anschließend in eine Flasche abfüllen.

JAPANISCHE MAYONNAISE

Für 150 ml
Zubereitung: 2 Min.

ZUTATEN

1 Eigelb
1 EL Senf
1 gestr. TL Zucker
Salz
1 TL Reis- (oder Apfelessig)
1 EL Zitronensaft (alternativ Yuzusaft)
100 ml neutrales Pflanzenöl (Raps-, Sonnenblumen- oder Traubenkernöl)

• Zunächst das Eigelb, den Senf, den Zucker und 1 Prise Salz in eine Schüssel geben. Sorgfältig vermischen, dann den Essig und Zitronensaft hinzufügen.

• Anschließend unter ständigem Rühren das Öl in einem sehr dünnen Strahl dazugießen. So lange rühren, bis die Masse emulgiert und schön glatt und cremig ist!

OKONOMI-SAUCE

Für 100 ml
Zubereitung: 2 Min.

ZUTATEN

4 EL Ketchup
2 EL Worcestershire-Sauce
1 EL Sojasauce
1 TL Mirin
1 TL Honig

Alle Zutaten in einer Schüssel zu einer glatten, dicklichen Sauce vermischen.

Grundrezepte Tipps

BURGERBRÖTCHEN

Zubereitung: 15 Min.
Ruhezeit: 1 Std. 15 Min.
Kochzeit: 20 Min.

ZUTATEN

340 g Weizenmehl (Type 550), plus etwas mehr zum Bestäuben
1 Pck. Trockenhefe
6 g Salz
6 g Zucker
200 ml lauwarme Milch
55 g Butter
1 Eigelb

- Mehl, Trockenhefe, Salz und Zucker in einer Schüssel vermischen. Die lauwarme Milch hinzufügen und mit den Fingerspitzen zu einem glatten Teig verkneten.
- In die Schüssel einer Küchenmaschine geben und auf niedriger Stufe 2–3 Minuten kneten. Die Butter in kleine Stücke schneiden, hinzufügen und noch weitere 7 Minuten kneten, bis der Teig glatt ist und schön glänzt.
- Mit einem Küchentuch abdecken und 45 Minuten gehen lassen.
- Den Ofen auf 180 °C (Ober-/Unterhitze) vorheizen. Die Arbeitsfläche mit Mehl bestäuben, den Teig darauflegen und in vier gleich große Stücke teilen.
- Diese formen und dafür die Teiglinge mehrmals falten, bis gleichmäßige Kugeln entstehen. Mit Mehl bestäuben (auch die Hände, falls nötig), damit sie nicht kleben. Nochmals abdecken und 30 Minuten gehen lassen.
- Mit Eigelb bestreichen und 20 Minuten oder bis sie goldbraun sind im heißen Ofen (Mitte) backen.

KONJAK

Konjak ist eine Knolle, die seit Hunderten von Jahren in der japanischen Küche sowie in der Medizin verwendet wird: Man verarbeitet sie zu Nudeln oder Fadennudeln (Shirataki), die man leicht in diversen asiatischen Lebensmitteläden erhält.

Konjak wird nicht nur aufgrund seiner medizinischen Eigenschaften geschätzt, sondern auch, weil die Knolle kein Gluten enthält und daher für Menschen mit einer Gluten-Unverträglichkeit geeignet ist.

SCHABLONE

ULTRA SPICY BURGER

Tipps Teig und Paste

MÜRBETEIG

Für 250 g Teig
Zubereitung: 10 Min.
Ruhezeit: 2 Std.

ZUTATEN

250 g Mehl (Type 405)
5 g Salz
125 g kalte Butter

- Das Mehl und das Salz in eine Schüssel geben. Sorgfältig mischen und die Butter in kleinen Stücken hinzufügen. Mit den Fingerspitzen 2 Minuten kneten, bis ein krümeliger Teig entsteht.
- 125 ml eiskaltes Wasser auf einmal dazugießen und nochmals 1 Minute kneten, bis eine glatte Teigkugel entsteht.
- In Frischhaltefolie wickeln und für 2 Stunden in den Kühlschrank legen.
- Dann kann der Mürbeteig verarbeitet werden.

ANKO-PASTE

Für 350 g Paste
Zubereitung: 10 Min.
Ruhezeit: 2 Std.
Kochzeit: 1 Std. 40 Min.

ZUTATEN

200 g Adzukibohnen
700 ml kohlensäurehaltiges Mineralwasser
180 g Zucker
Salz

- Die Adzukibohnen 2 Stunden in kaltem Wasser einweichen.
- Dann abtropfen lassen und in einen Topf geben. Mit Wasser bedecken und zum Kochen bringen. 5 Minuten leise köcheln lassen, dann das Wasser abgießen und den Vorgang mit frischem Wasser wiederholen.
- Wenn die Bohnen blanchiert und frei von Bitterstoffen sind, die Bohnen mit dem Mineralwasser in einen Topf geben und 50–60 Minuten leise köcheln lassen, bis sie in der Mitte weich sind.
- Vom Herd nehmen und noch 10 Minuten im Wasser liegen lassen.
- Ein Drittel des Kochwassers abgießen und Zucker und 1 Prise Salz in den Topf geben. Bei mittlerer Temperatur noch einmal aufkochen und 15–20 Minuten unter regelmäßigem Rühren leise köcheln lassen. Dabei sollen die Bohnen zu einem schönen Püree verkochen, das nicht zu flüssig, sondern leicht sirupartig ist. Fertig ist die leckere Anko-Paste!

Tipps
Umrechnungstabelle

OFENTEMPERATUREN

Stufe 1	=	30 °C à 50 °C
Stufe 2	=	60 °C à 89 °C
Stufe 3	=	90 °C à 119 °C
Stufe 4	=	120 °C à 149 °C
Stufe 5	=	150 °C à 179 °C
Stufe 6	=	180 °C à 209 °C
Stufe 7	=	210 °C à 239 °C
Stufe 8	=	240 °C à 270 °C

FLÜSSIGMASS/ GEWICHT

1 ml = 1 g
1 cl = 10 g
1 dl = 100 g
1 l = 1 000 g

LÖFFEL/GEWICHT

LEBENSMITTEL	TL	EL
Puderzucker	= 5 g	= 15 g
Mehl, Grieß	= 4 g	= 12 g
Butter	= 5 g	= 15 g
Crème fraîche	= 5 ml	= 15 ml
Öl	= 5 ml	= 15 ml
Salz	= 5 g	= 15 g
Pfeffer	= 2 g	= 5 g

Danksagung

Wenn du es bis hier geschafft hast, weißt du, dass nun die Danksagung kommt!
Danke, Bérengère, für die neuerliche Zusammenarbeit, für die Arbeit und Leidenschaft, die du als künstlerische Leiterin Jahr für Jahr in unsere Projekte steckst!
Henri, du wirst hier mit der Zeit einige kultige Bezüge entdecken. Ich kann es kaum erwarten, das mit dir zu teilen und dir die Mangas und Animes zu zeigen, die dich zum Träumen bringen werden!
Danke an meine ELtern und meine Schwester für ihre stetige Unterstützung, ihre Liebe und ihr Vertrauen. Ich werde mich immer an meinen ersten Manga erinnern, den ich mit meinem Vater in Châtillon gekauft habe. Ich war 8 Jahre alt und es war der 4. Band von Dragon Ball, die Version in Pastellfarben. Ich habe ihn immer noch zu Hause. Danke Papa, für deine Offenheit.
Danke an Nicolas, auf dessen Auge und Professionalität man sich immer verlassen kann.
Danke an Mehdiya für deine Arbeit, deine Leidenschaft und dein Engagement.
Danke an mein Team, besonders an Baptiste, der eine vertrauenswürde rechte Hand ist, die es mir ermöglicht, meiner Kreativität mit mehr Freiheit und Gelassenheit nachzugehen.
Danke an alle, die mir mit ihren Ratschlägen, Leihgaben und ihrer Zeit geholfen haben, dieses Buch zu realisieren. Ein besonderer Dank an meine liebe Marie und an Ken für ihre Ratschläge zu den Bezügen in diesem Buch.
Danke an Olivier, den alten Hasen im Verlag. Du merkst es vielleicht nicht, aber dein Blick auf die Popkultur und deine Sicht auf diese Welten werden nicht alt und sind ein Vorbild, dem ich täglich zu folgen versuche.
Danke an Catherine und Antoine von éditions Hachette Heroes; dies war wieder eine Zusammenarbeit, auf die ich stolz bin!
Anne, vielen Dank, dass du eine so verständnisvolle und offene, sachkundige und leidenschaftliche Herausgeberin bist. Danke für deine Geduld mir gegenüber, ich weiß, dass es nicht immer einfach ist, mit mir zusammenzuarbeiten. Ja, ich habe das schon einmal geschrieben, aber du bleibst immer so professionell und es ist immer so kompliziert, mit mir zusammenzuarbeiten. Ich bin einfach glücklich, dass wir es schaffen, Bücher herauszubringen, die so umfangreich und toll sind!
Danke an das Team bei Hachette Heroes, die dieses Buch zu euch und ihm die Präsenz geben, das es verdient.
Ein letzter und großer Dank an meine liebe Community, Leser und Leserinnen, Zuschauer und Zuschauerinnen, Fans der ersten Stunde oder Beobachter und Beobachterinnen aus dem Hintergrund.
Danke. Danke. Danke.

Thibaud Villanova

Bibliografische Information der Deutschen Bibliothek.
Die Deutsche Bibliothek verzeichnet diese Publikation
in der Deutschen Nationalbibliografie.
Detaillierte bibliografische Daten sind im Internet über http://www.dnb.de/ abrufbar.

EIN BUCH DER EDITION MICHAEL FISCHER

2. Auflage 2024

Erstveröffentlicht bei Hachette-Livre, 58, rue Jean Bleuzen – 92178 Vanves Cedex

Titel der Originalausgabe: Gastronogeek – Anime
Aus dem Französischen übertragen von Dr. Katrin Korch

Redaktion und Lektorat: Lisa Helmus, Julia Karpuschewski, Celine del Rosario
Satz: Pia von Miller
Illustrationen: Bérengère Demoncy, außer Seiten 12, 41(Benoît Simonpietri),
und die Seiten 31, 99 (Adobe Stock: PikePicture, alvaroc)
Bildbearbeitung: Mehdiya Kerairia, außer Seiten 32–33, 35, 68–69, 103, 104, 107
(Séverine Augé), und Seiten 36, 80, 84–85, 87, 89, 97, 100 (Soizic Chomel de Varagnes)
Fotocredit: (Adobe Stock: Julietphotography, oxinoxi, valterz, artrise)
Projektleitung der Originalausgabe: Catherine Saunier-Talec: Antoine Béon, Anne Vallet
Herstellung der Originalausgabe: Anne-Laure Soyez
Korrektorat der Originalausgabe: Charlotte Buch-Müller

ISBN 978-3-7459-1851-9

Gedruckt bei GRAFICAS ESTELLA,
Puy OJER, Ctra. Estella a Taffala - Km. 2, NAVARRA, 31200 ESTELLA, Spanien

www.emf-verlag.de

www.youtube.com/gastronogeek

www.twitch.tv/gastronogeek www.twitter.com/gastronogeek www.instagram.com/gastronogeek

www.gastronogeek.com